BIBLIOTHÈQUE CANTONALE
DE
Laferté-sur-Amance
(HAUTE-MARNE).

CATALOGUE

DE LA

BIBLIOTHÈQUE CANTONALE

DE

LAFERTÉ-SUR-AMANCE,

PRÉCÉDÉ DU RÈGLEMENT,

ET SUIVI

d'une Table des Matières et d'une Table des Auteurs.

PARIS.

IMPRIMERIE DE COSSON, RUE DU FOUR-S.-G., 43.

—

1851.

J'ai toujours pensé que c'était un devoir, pour les hommes qui ont eu le bonheur de recevoir de l'instruction, de chercher à faire participer au même bienfait ceux qui se sont trouvés dans des conditions moins heureuses. Il y a bientôt dix ans que, sous l'influence de cette idée, j'ai commencé à réunir les premiers volumes de la Bibliothèque de Laferté-sur-Amance; et depuis cette époque, je n'ai cessé de travailler à l'accroissement de cette Bibliothèque, au prix même de sacrifices considérables.

L'utilité d'une bibliothèque cantonale ne sera, j'espère, contestée par personne. Maintenant surtout qu'on enseigne à lire et à écrire à tout le monde, il importe aux habitants de la campagne de ne pas se voir abandonnés après un commencement d'instruction, qui ne serait ainsi pour eux qu'un présent inutile, sinon funeste. Il est bon que le laboureur, l'artisan, le journalier, qui a reçu dans son enfance les premières notions des connaissances utiles, puisse en profiter plus tard et trouver sous sa main, sans aucuns frais, dans des livres choisis, un emploi agréable de ses loisirs, des consolations pour ses peines, des avis et des enseignements pour les travaux de sa profession, des leçons de morale et des exemples de vertu pour sa conduite. Il est bon qu'au-delà de l'école, dans le cours de la vie, l'homme puisse ouvrir son esprit et son cœur à tout ce qui est de nature à élever son âme, à lui faire aimer Dieu, sa patrie, ses semblables, et aussi à tout ce qui peut contribuer à améliorer sa situation matérielle et celle de sa famille, par le travail, l'ordre et l'économie.

D'ailleurs, la vue des maux que causait le colportage dans nos campagnes, en les inondant de publications absurdes et puériles, le plus souvent dangereuses et immorales, m'avait inspiré la pensée d'une utile concurrence. Je désirais leur opposer des livres bons, utiles, moraux, remplis non pas d'histoires de voleurs ou de leçons de dépravation, mais des meilleurs enseignements : histoire religieuse et histoire nationale, beaux sentiments à admirer, beaux exemples à suivre, bonnes méthodes, bons procédés de fabrication, perfectionnements de la science agronomique, enfin tout ce qui peut rendre les hommes plus éclairés et meilleurs, les ouvriers plus instruits, plus moraux, plus heureux.

Ce n'est pas seulement l'influence pernicieuse des colporteurs, ces messagers du mal, que je voulais combattre, c'était aussi celle des cabarets. J'espère fermement que notre Bibliothèque offrira assez de charmes aux habitants du canton, pour qu'ils consacrent à la lecture le temps que dans certaines autres localités on donne au désœuvrement et à l'ivrognerie. Aux États-Unis, en Écosse, en Suisse, on voit, dit-on, les paysans se délasser de leurs travaux, le soir et les jours de fête, par la lecture. Pourquoi chez nous les ouvriers, après le pénible travail de la journée, et principalement le dimanche ou pendant les veillées d'hiver, ne consacreraient-ils pas quelques heures à chercher les moyens de suppléer à l'instruction qui leur manque?

En travaillant à former cette collection, — qui représente aujourd'hui une véritable richesse municipale, — je n'ai pas un seul instant perdu de vue les habitants de la campagne, pour lesquels elle était composée. Aussi la partie la plus considérable de notre Bibliothèque, est celle qui embrasse les diverses branches de l'économie rurale. Je la crois dès à présent assez riche pour pouvoir fournir de précieuses ressources aux développements de l'art agricole dans notre localité. Je me suis efforcé de réunir les ouvrages les plus estimés, voulant, autant que possible, substituer à l'ignorance routinière les données expérimentales les plus sûres, les meilleurs enseignements, les pratiques les plus profitables. J'ai recherché particulièrement les bons livres usuels, les bons traités spéciaux, les manuels d'un mérite reconnu, et en général les publications de nature à intéresser nos agriculteurs, à signaler les avantages des procédés perfectionnés et économiques, à démontrer les vieilles erreurs et à ruiner les préjugés tenaces. Si tous ces ouvrages ne remplacent pas ce que rien ne saurait remplacer, — l'exemple, — qui sera toujours pour les cultivateurs praticiens la plus utile et la plus éloquente des leçons, du moins ils seront des guides sûrs pour tous ceux qui se sentiront disposés à sortir de l'ornière de la routine.

A ce sujet j'ajouterai une réflexion. Le sol de la France n'a rien à envier à aucune autre contrée de l'Europe. En France, les agriculteurs du département du Nord, par exemple, les fermiers de la Brie, les maraîchers des environs de Paris, les éleveurs de la Normandie, les vignerons de la Gironde ou de la Bourgogne, et dans les grands centres de population les ouvriers des différents corps d'état, sont-ils inférieurs aux cultivateurs et aux ouvriers des autres pays? Assurément non. Quelle est donc alors la cause de notre infériorité en général?

Elle est due à l'absence des moyens de propagation des bonnes méthodes, à la crainte des innovations, à un certain entêtement coutumier qui fait rejeter avant examen toutes les idées d'amélioration, en un mot, à l'ignorance de nos populations rurales. Lorsque chacun pourra étudier à son aise les progrès accomplis depuis vingt ans dans les diverses branches de la science, nous devrons en espérer, pour la pratique agricole du canton, les résultats les plus favorables.

Notre cadre est assez vaste pour que toutes les intelligences et tous les intérêts y trouvent satisfaction. De la parole de Dieu à la loi du pays, de l'Évangile au Code civil, du bœuf à l'abeille, du chêne au grain de blé, tous les sujets utiles y occupent leur place. Ainsi, les ecclésiastiques, les magistrats, les maires, les officiers publics, les simples citoyens, même les femmes et les enfants, tous enfin, depuis le juge-de-paix jusqu'au garde champêtre, depuis le docteur jusqu'au berger, depuis le propriétaire aménageant sa forêt jusqu'au vigneron raclant ses paisseaux, y trouveront pour leur profession et pour toute leur conduite de bonnes leçons et de bons conseils.

Si donc notre œuvre, que je place sous le patronage de tous les gens de bien, porte quelques fruits utiles, si elle sert à la diffusion des idées les plus propres à éclairer l'esprit du peuple de nos campagnes et à améliorer sa condition, si elle rattache à l'agriculture, par un accroissement de bien-être, quelques-uns de ceux qui tendent sans cesse à aller se perdre dans le gouffre des grandes villes, si enfin elle contribue à leur éducation morale, notre but sera atteint, et je me trouverai personnellement assez récompensé de mes efforts.

Je ne terminerai pas sans un mot de reconnaissance à tous ceux qui ont bien voulu me seconder dans cette entreprise. La plupart de mes amis ont aidé à sa fondation, et plus d'un de nos ouvrages porte l'offrande autographe de son auteur. Le gouvernement aussi, à plusieurs reprises, a encouragé notre institution et l'a dotée de plusieurs livres précieux. MM. de Salvandy et Nisard entre tous, alors qu'ils étaient, l'un ministre de l'instruction publique, l'autre chef de la division des sciences et des lettres, ont prêté à notre Bibliothèque naissante l'appui le plus libéral. Nous leur offrons ici à tous l'expression de notre vive gratitude.

Paris, 20 avril 1851.

HIPPOLYTE CHAUCHARD.

des progrès accomplis depuis vingt ans dans les diverses branches de la science, nous devrons en espérer, pour la pratique agricole du canton, les résultats les plus favorables.

Notre cadre est assez vaste pour que toutes les intelligences et tous les intérêts y trouvent satisfaction. De la parole de Dieu à la loi du pays, de l'Évangile au Code civil, du bœuf à l'abeille, du chêne au grain de blé, tous les sujets utiles y occupent leur place. Ainsi, les ecclésiastiques, les magistrats, les maires, les officiers publics, les simples citoyens, même les femmes et les enfants, tous enfin, depuis le juge-de-paix jusqu'au garde champêtre, depuis le docteur jusqu'au berger, depuis le propriétaire aménageant sa forêt jusqu'au vigneron écolant ses paisseaux, y trouveront pour leur profession et pour toute leur conduite de bonnes leçons et de bons conseils.

Si donc notre œuvre, que je place sous le patronage de tous les gens de bien, porte quelques fruits utiles, si elle sert à la diffusion des idées les plus propres à éclairer l'esprit du peuple de nos campagnes et à améliorer sa condition; si elle rattache à l'agriculture, par un sentiment de bien-être, quelques-uns de ceux qui tendent sans cesse à aller se perdre dans le gouffre des grandes villes, si enfin elle contribue à leur éducation morale, notre but sera atteint, et je me trouverai personnellement assez récompensé de mes efforts.

Je ne terminerai pas sans un mot de reconnaissance à tous ceux qui ont bien voulu me seconder dans cette entreprise. La plupart de mes amis ont aidé à sa fondation, et plus d'un de nos ouvrages porte l'adhésion autographe de son auteur. Le gouvernement aussi, à plusieurs reprises, a encouragé notre institution et l'a dotée de plusieurs livres précieux. MM. de Salvandy et Nisard entre autres, alors qu'ils étaient, l'un ministre de l'Instruction publique, l'autre chef de la division des sciences et des lettres, ont prêté à notre Bibliothèque naissante l'appui le plus libéral. Nous leur offrons ici à tous l'expression de notre vive gratitude.

Paris, 20 avril 1851.

[illegible]

RÈGLEMENT.

I.

La Bibliothèque publique de Laferté-sur-Amance est la propriété de la commune.

Elle occupe une des salles de la mairie.

Elle est instituée dans un but d'utilité et d'agrément, pour les habitants de Laferté-sur-Amance; néanmoins les habitants de tout le canton seront admis à en jouir, sous les conditions déterminées par le présent règlement.

Les livres sont communiqués au dehors.

II.

Un bibliothécaire, nommé par le maire de Laferté-sur-Amance, est chargé de la conservation et du prêt des livres. Il veille à l'observation du règlement et à tout ce qui concerne l'entretien et le bon ordre de la bibliothèque.

Ses fonctions sont gratuites.

III.

Il ne peut être pris aucune mesure relative à la bibliothèque, que de l'avis d'un conseil de cinq membres, duquel font nécessairement partie le maire de Laferté, président, le bibliothécaire, le curé et le juge-de-paix. La présence de trois membres sera toujours nécessaire pour la validité de toute décision.

IV.

Le bibliothécaire tiendra le conseil de la bibliothèque au courant de la situation de l'établissement et de ses besoins, afin de proposer au conseil municipal, quand il y aura lieu, les demandes nécessaires.

Le conseil de la bibliothèque s'assemble, sur convocation, au moins une fois par mois.

V.

Le bibliothécaire aura entre ses mains un registre ou catalogue sur lequel il inscrira, au fur et à mesure de leur réception, tous les ouvrages dont la bibliothèque deviendra propriétaire.

VI.

Chaque inscription au catalogue portera un numéro d'ordre qui sera répété sur chacun des volumes de l'ouvrage.

Chaque volume sera, en outre, frappé d'une estampille.

L'inscription au catalogue comprendra le titre entier de l'ouvrage, le nom de l'éditeur, la date, le format, le nombre de volumes, et indiquera s'il est relié ou broché.

VII.

Il sera fait mention, sur l'original du catalogue, de la

manière dont la bibliothèque est devenue propriétaire de chaque ouvrage.

VIII.

La bibliothèque est ouverte une fois par semaine, le jour et aux heures indiqués par un avis affiché à la porte.

IX.

Les lecteurs ne sont pas admis à lire et à travailler dans le local de la bibliothèque, mais ils peuvent y consulter le catalogue. Les maires des treize communes du canton seront, en outre, invités à tenir un exemplaire du catalogue et du présent règlement à la disposition de leurs administrés.

X.

Toute personne qui veut être admise à emprunter des livres, doit s'adresser verbalement ou par écrit, à Lafertésur-Amance, au bibliothécaire, qui transmet la demande au conseil de la bibliothèque, appelé à statuer.

XI.

Ne sont pas admis à emprunter des livres, les mineurs, les interdits, et les personnes qui ne présentent pas les garanties de soins convenables. Le bibliothécaire pourra exiger que ces garanties soient attestées par un certificat du maire, lequel ne sera valable que jusqu'au premier janvier qui suivra sa date.

XII.

Il est tenu un registre sur lequel le bibliothécaire inscrit le nom de l'emprunteur, la date du prêt, le titre et le numéro d'ordre de l'ouvrage, et la date de la rentrée.

XIII.

En recevant un volume, le lecteur signe ou fait signer sur le registre du prêt; en le réintégrant, il fait effacer son récépissé.

XIV.

Chaque lecteur ne peut recevoir plus de deux volumes à la fois et ne peut garder chaque volume pendant plus de dix jours. Ce temps expiré, il est tenu de le rapporter; néanmoins il pourra demander une prorogation que le bibliothécaire sera libre d'accorder.

XV.

Les livres sont toujours censés en bon état de conservation au moment où ils sont prêtés; dans le cas contraire, le lecteur devra en faire prendre note sur le registre du prêt.

XVI.

Toute personne qui reçoit un livre de la bibliothèque en est responsable. Le bibliothécaire fera remplacer, aux frais de l'emprunteur, avec l'autorisation du conseil de la bibliothèque, l'ouvrage entier dont un ou plusieurs volumes auraient été détériorés, perdus ou non restitués après deux avertissements.

XVII.

Le lecteur qui se serait refusé à payer le prix d'un ouvrage perdu ou endommagé par sa faute, sera exclu du prêt des livres, sans préjudice des répétitions à exercer contre lui.

Ces répétitions seront faites à la requête d'un membre du conseil de la bibliothèque, spécialement délégué à cet effet.

XVIII.

Nul lecteur ne pourra exciper de l'ignorance du présent règlement, qui demeurera affiché à l'intérieur de la Bibliothèque.

Laferté-sur-Amance, le 15 juillet 1850.

Le Maire de Laferté-sur-Amance,

Signé : MARIVET.

VU ET APPROUVÉ :

Le ministre de l'Instruction publique et des Cultes,

Signé : E. DE PARIEU.

CONSEIL DE LA BIBLIOTHÈQUE.

Par arrêté du ministre de l'Instruction publique et des Cultes, en date à Paris du 24 juillet 1850, ont été nommés membres du conseil de la Bibliothèque de Laferté-sur-Amance :

MM. MARIVET, maire de Laferté, président ;
Jules MAURICE, bibliothécaire ;
MARTIN, curé de Laferté ;
CARTERET, juge-de-paix du canton ;
Louis BANTON, docteur en médecine.

CATALOGUE

DE LA

BIBLIOTHÈQUE

DE

LAFERTÉ-SUR-AMANCE.

THÉOLOGIE.

—

I. *Écriture Sainte, preuves du Christianisme, Morale religieuse.*

1. — La Sainte Bible, contenant l'ancien et le nouveau testament, traduite sur la Vulgate par Le Maistre de Sacy. *Paris*, Smith, 1822, gr. in-8, rel.
2. — Novum testamentum græce. Edidit Constantinus Tischendorf. *Paris*, Firmin Didot, 1842, in-12, br.
3. — Le Nouveau testament, texte grec. Les Quatre évangélistes et les Actes des apôtres. *Paris*, impr. d'Aug. Delalain, 1830, in-32, br.
4. — L'Imitation de Jésus-Christ, traduite par M. de Lamennais. *Paris*, Pagnerre, 11e édition, 1845, in-18, br.
5. — Imitation de Jésus-Christ, traduction nouvelle par M. L. B. du collége Stanislas, approuvée par Mgr l'archevêque de Paris. *Paris*, J. Hetzel et Paulin, 1839, in-18, orné de gravures, br.
6. — Catéchisme, ou Abrégé de la foi, dressé par l'ordre de Mgr François de Harlay, illustré par madame Élise Boulanger. *Paris*, Firmin Didot, 1842, in-8, rel.

7. — L'Apocalypse traduite en français, avec une explication tirée des SS. Pères. *Paris*, chez Guillaume Desprez, 1720, in-8, rel.

8. —Explication du Cantique des Cantiques, par D. M. B. S. *Paris*, chez Guillaume Desprez, 1689, in-12, rel.

9. — Les Psaumes en vers français, par M. Giffard. *Paris*, Belin-Mandar, 1841, in-12, br.

10. — Dictionnaire de l'Écriture sainte, par A.-F. James. *Paris*, Maillet, 1844, in-8, br.

11. — Théologie morale à l'usage des curés et des confesseurs, par Mgr Thomas M.-J. Gousset, archevêque de Reims. *Paris*, Périsse frères, 1844, in-8, br., 2 vol.

12. — Études philosophiques sur le christianisme, par Auguste Nicolas. *Paris*, Vaton, 1845, in-8, br., 4 vol.

13. —La Certitude des preuves du christianisme, par M. Bergier, docteur en théologie. *Paris*, chez Humblot, 1770, in-12, rel.

14. — Défense du christianisme ou Conférences sur la religion, par M. D. Frayssinous, évêque d'Hermopolis. *Paris*, Adrien Le Clere et Ce, 17e édition, 1846, in-8, rel., 3 vol.

15. — Pensées sur le christianisme, par Joseph Droz. *Paris*, J. Renouard, 1845, in-18, br. — 2 exemplaires.

16. — Théodicée chrétienne, par H. L. C. Maret, docteur en théologie. *Paris*, Méquignon-Junior, 1844, in-8, rel.

17. — Discours sur la théorie de la croyance religieuse, prononcés devant l'Université d'Oxford, par J.-H. Newman; traduits de l'anglais par M. l'abbé Deferrière, professeur au petit séminaire de Langres. *Paris*, Sagnier et Bray, 1850, in-8, br.

18. — Retraite spirituelle pour un jour de chaque mois, par le Père Jean Croiset, de la compagnie de Jésus. *Paris*, chez Michel Sorin, 1777, in-12, rel., 2 vol.

19. — Entretiens avec Jésus-Christ dans le Très-Saint-Sacrement de l'autel, par un religieux bénédictin de la congrégation de saint Maur. *Paris*, chez Jacques Vincent, 1741, in-12, rel.

20. — Traité sur la prière publique et sur les dispositions pour offrir les saints mystères. *Paris*, chez Jacques Estienne, 1713, in-12, rel.

21. — Exposition de la doctrine de l'église catholique, par Bossuet. *Paris*, chez Sébastien Mabre-Cramoisy, 1686, in-18, rel.

22. — Politique tirée des propres paroles de l'Écriture sainte, ouvrage posthume de Bossuet. *Paris*, chez Pierre Cot, 1709, in-12, rel.

23. — Introduction philosophique à l'étude du christianisme, par Mgr l'archevêque de Paris. *Paris*, Adrien Le Clere et Ce, 4e édition, 1845, in-18, br.

24. — Dissertation sur les églises catholique et protestantes, par le cardinal de La Luzerne. *Paris*, Méquignon-Junior, 1844, in-12, rel.

25. — Pensées de M. Pascal sur la religion et sur quelques autres sujets. *Paris*, chez Guillaume Desprez, 1678, in-12, rel.

26. — Des pensées de Pascal, Rapport à l'Académie française sur la nécessité d'une nouvelle édition de cet ouvrage, par M. V. Cousin. *Paris*, Ladrange, 1843, in-8, br.

27. — Chefs-d'œuvre de Massillon. *Paris*, Lefèvre, 1844, in-12, rel.

28. — Petit carême de Massillon. *Paris*, Depélafol, 1819, édition stéréotype, in-18, rel.

29. — OEuvres de Bourdaloue. *Paris*, A. Poilleux, 1830, in-8, br., 7 vol. — Incomplet.

30. — Chefs-d'œuvre oratoires de Bourdaloue. *Paris*, Lefèvre, 1845, in-18, br.

31. — Recueil des oraisons funèbres prononcées par Jacques Bénigne Bossuet. *Lyon*, Périsse frères, 1844, in-12, br.

32. — Oraisons funèbres de Bossuet; nouvelle édition, accompagnée de notices par M. A. Didier. *Paris*, Dezobry, 1846, in-12, br.

33. — Le Génie du christianisme, par le vicomte de Châteaubriand. *Paris*, Firmin Didot, 1844, gr. in-18, br., 2 vol.

34. — La Religion et la Liberté considérées dans leurs rapports, par M. Bautain; Conférences de Notre-Dame de 1847-48. *Paris*, Périsse frères, 1848, in-8, br.

35. — Le Prêtre d'après les Pères, par M. J. M. Raynaud, prêtre chanoine honoraire d'Aire. *Toulouse*, P. Pradel et Ce, 1839-1842, in-8, br., 12 vol.

36. — Le Bon curé au XIXe siècle, par M. l'abbé Dieulin, vi-

caire-général de Nancy. *Lyon*, Mothon, 1845, in-8, br., 2 vol.

37. — Conversations religieuses de Napoléon, par M. le chevalier de Beauterne. *Paris*, Olivier-Fulgence, 1841, in-8, br.

II. *Histoire de la Religion.*

38. — Epitome historiæ sacræ, auctore C. F. Lhomond. Nova editio, accurante A. Mottet. *Paris*, impr. de J. Delalain, 1836, in-18, br.

39. — Histoire ecclésiastique, par l'abbé Fleury. *Paris*, Didier, 1840, gr. in-8, br., 6 vol.

40. — Histoire sainte d'après la Bible, par Victor Duruy. *Paris*, Hachette, 1846, in-8, rel.

41. — Histoire sainte, par M. Victor Boreau. *Paris*, Hivert, 5e édition, 1847, in-12, br.

42. — Vies des saints pour tous les jours de l'année. *Paris*, Périsse frères, 1843, in-12, rel.

43. — Marie, ses gloires et ses souffrances, par l'abbé S. M. Viard, du diocèse de Langres. *Paris*, Jacques Lecoffre et Ce, 1850, gr. in-18, br., 2 vol.

44. — Les Confessions de saint Augustin, traduction de l'abbé Gabriel. *Paris*, Périsse frères, 1844, in-18, br., 2 vol.

45. — Vie de saint François Xavier, apôtre des Indes et du Japon, par le P. Bouhours. *Lyon*, Périsse frères, 1845, in-12, br., 2 vol. — Le même. *Tours*, Mame et Ce, 1846, in-12, br.

46. — La Vie de saint François Xavier, par M. Pallegoix. *Paris*, Debécourt, 2e édition, 1843, in-12, br.

47. — Vie de saint Dominique, par le Révérend Père Henri-Dominique Lacordaire, de l'ordre des frères prêcheurs. *Paris*, Sagnier et Bray, 3e édition, 1844, in-8, br.

48. — Vie de saint François de Sales, par M. de Marsollier. *Paris*, chez Herissant, 6e édition, 1757, in-12, rel., 2 vol.

49. — Vie de saint Louis de Gonzague, traduite de l'italien par Calpin. *Lyon*, 1845, Périsse frères, in-18, br.

50. — Histoire de sainte Cécile, vierge romaine et martyre, par

le R. P. Dom Prosper Guéranger, abbé de Solesmes. *Paris*, Jacques Lecoffre et Cie, 1849, in-12, br.

51. — Histoire de sainte Élisabeth de Hongrie, duchesse de Thuringe, par le comte de Montalembert, pair de France. *Paris*, Sagnier et Bray, 4e édition, 1844, in-12, rel.

52. — Le Bienheureux Pierre Fourier, curé et réformateur d'ordre, par M. Ed. de Bazelaire. *Paris*, Sagnier et Bray, 1846, in-18, br.

53. — Histoire de Fénélon, par le cardinal de Bausset. *Paris*, Gauthier frères et Cie, 4e édition, 1830, in-8, rel., 4 vol.

54. — Vie de M. Frayssinous, évêque d'Hermopolis, par M. le baron Henrion. *Paris*, Adrien Le Clere et Ce, 1844, in-8, br., 2 vol.

55. — Vie du cardinal de Cheverus, archevêque de Bordeaux, par J. Huen-Dubourg. *Paris*, Périsse frères, 2e édition, 1840, in-12, br.

JURISPRUDENCE.

I. *Droit ancien.*

56. — Code des terriers, ou Principes sur les matières féodales. *Paris*, chez Prault père, 1761, in-12, rel.

57. — Code des seigneurs hauts-justiciers et féodaux. *Paris*, Saillant, 1771, in-12, rel.

58. — Coutumes de Vitry-le-François, avec le commentaire de Me Charles de Salligny. *Chaalons*, chez Jacques Seneuze, 1676, in-4, rel.

59. — Causes célèbres et intéressantes, avec les jugements qui les ont décidées, par M***, avocat au parlement. *Paris*, chez Théodore Legras, 1738-1757, in-12, rel., 19 vol.

60. — Procès fameux, par M. Des Essarts, avocat. *Paris*, chez l'auteur, 1786, in-12, rel., 9 vol.

61. — La Chronique du Palais-de-Justice, contenant l'histoire des anciens avocats et le récit des trépas tragiques, tirés des archives de la Sainte-Chapelle, des olim et des registres du parlement; par Horace Raisson. *Paris*, Bourmancé, 1838, in-8, br., 2 vol.

II. *Droit civil, commercial et pénal.*

62. — Codes de la législation française, par M. Napoléon Bacqua. *Paris*, 1845, 5e édition, gr. in-8 à 2 col., br.

63. — Manuel complémentaire des codes français et de toutes les collections de lois, par J.-B.-J. Paillet. *Paris*, Alphonse Delhomme, 1846, in-8, rel.

64. — Dictionnaire de législation usuelle, par E. de Chabrol-Chaméane. *Paris*, 4e édition, 1845, gr. in-8, br.

65. — Les Codes, avec une table générale des matières, par MM. Teulet et Loiseau. *Paris*, Videcoq, 6e édition, 1845, in-18, br.

66. — Cours de droit français suivant le code civil, par M. Duranton, professeur à la faculté de droit de Paris. *Paris*, G. Thorel, 1844, in-8, rel., 22 vol.

67. — Le Droit expliqué, code du propriétaire et du commerçant. *Paris*, 1844, in-8, br.

68. — Actes de l'état civil, par M. Claparède. *Paris*, Paul Dupont, 2e édition, 1838, in-8, br.

69. — Instructions élémentaires sur les actes de l'état civil, par M. Claparède. *Paris*, Paul Dupont, 3e édit., 1843, in-12, br.

70. — Traité théorique et pratique de l'état civil, par H. Cival. *Autun*, 1851, impr. Dejussieu, in-12, br.

71. — Lois des bâtiments, ou le Nouveau Desgodets, par P. Lepage, ancien avocat. *Paris*, Marescq, 1847, in-8, br., 2 vol.

72. — De la Vente, par M. Troplong, conseiller à la Cour de cassation. *Paris*, Charles Hingray, 4e édition, 1845, in-8, rel., 2 vol.

73. — Traité de l'estimation et du partage des biens-fonds, par Noirot. *Paris*, Maison Rustique, 1843, in-18, br.

74. — Traité de l'expropriation pour cause d'utilité publique, par M. de Lalleau. *Paris*, Carilian-Gœury, 4e édition, 1845, in-8, br., 2 vol.

75. — Manuel de l'expropriation pour cause d'utilité publique, par M. Debray. *Paris*, A. Durand, 1845, in-8, br.

76. — Manuel du prêteur sur hypothèque, par Ange Dufrayer. *Paris*, Henri Barba, 1837, in-18, br.

77. — Des Priviléges et hypothèques, par M. Troplong, conseiller à la Cour de cassation. *Paris*, Charles Hingray, 4e édition, 1845, in-8, br., 4 vol.

78. — Documents relatifs au régime hypothécaire et aux réformes qui ont été proposées, publiés par M. Martin (du Nord), garde des sceaux. *Paris*, impr. roy., 1844, gr. in-8, br., 3 vol.

79. — Tenue des livres des notaires, par Louis Garnier. *Paris*, 2e édition, 1842, in-8, br.

80. — Manuel alphabétique des notaires et des aspirants au notariat, par M. A. Gaillard. *Moulins*, Desrosiers, 1844, gr. in-8, br.

81. — Formulaire raisonné et manuel théorique et pratique du notariat, par M. Édouard Clerc. *Paris*, 1837, in-8, br.

82. — Formulaire annoté des actes des notaires. *Paris*, 1846, gr. in-8, br., 2 vol.

83. — Nouveau guide en affaires, recueil de formules d'actes sous seing-privé, par P. G. *Nancy*, Vincenot, 1844, in-12, br.

84. — Manuels-Roret. — Manuel-Formulaire de tous les actes sous signatures privées, par M. Charles Vasserot. *Paris*, Roret, 1847, in-18, br.

85. — Le Bon conseiller en affaires, par P. Saurel et M. A. de Mazincourt. *Paris*, Baudouin jeune, 1849, in-12, br.

86. — Commentaire de la procédure civile, par M. Pascal Bonnin. *Paris*, Joubert, 1845, in-8, br.

87. — De la juridiction civile des juges de paix, par J. M. Carou. *Paris*, G. Thorel, 1843, in-8, br., 2 vol.

88. — Dictionnaire des justices de paix, par E. Lonchampt. *Paris*, Ve Charles-Béchet, 1832, in-8, br.

89. — Manuel des justices de paix, par Levasseur. *Paris*, Alphonse Delhomme, 1846, in-8, br.

90. — Jurisprudence des huissiers. *Paris*, Joubert, 1844, in-8, br.

91. — Dictionnaire du contentieux commercial, par MM. Devilleneuve et Massé. *Paris*, Cosse et Delamotte, 2e édition, 1845, gr. in-8, br.

92. — Guide industriel du propriétaire et de l'artisan, par Hanriot. *Corbeil*, 6e édition, 1846, in-8, br.

93. — Manuel des patentés, par A. F. Lainné. *Paris*, 1845, in-8, br.

94. — Tarif général des droits de patentes, dressé par les soins de l'administration des contributions directes. *Paris*, Vinchon, 1844, gr. in-8, br.

95. — Manuel des inventeurs et des brevetés, par A. Perpigna. *Paris*, 1844, 7e édition, in-8, br.

96. — Le Contrat d'apprentissage expliqué aux maîtres et aux apprentis, par Mollot, avocat. *Paris*, Videcoq, 1845, in-12, br.

97. — Le Contrat de louage d'ouvrage et d'industrie, par Mollot, avocat. *Paris*, Napoléon Chaix et Cie, 1846, in-12, br.

98. — De la Justice industrielle des prud'hommes, par Mollot, avocat. *Paris*, Napoléon Chaix et Cie, 1846, in-12, br.

99. — Manuel des juges de commerce, par M. Gasse. *Paris*, Videcoq, 4e édition, 1845, in-8, br.

100. — Dictionnaire général des lois pénales, disciplinaires et de police, par E. de Chabrol-Chaméane. *Paris*, Mansut, 1842, gr. in-8, rel., 2 vol.

101. — Nouveau manuel du juré, par M. Merger, avocat. *Paris*, Félix Malteste et Cie, 1836, in-18, br.

III. *Droit ecclésiastique, public et administratif.*

102. — Circulaires, instructions et autres actes relatifs aux affaires ecclésiastiques. *Paris*, Impr. Roy., 1841, in-8, br.

103. — Traité de l'administration temporelle des paroisses, par Mgr Affre, archevêque de Paris. *Paris*, Adrien Le Clere et Ce, 5e édition, 1850, in-8, br.

104. — Manuel du droit public ecclésiastique français, par

M. Dupin, procureur général près la Cour de cassation, etc. *Paris*, Videcoq, 2e édition, 1844, in-18, br.

105. — Mécanisme des grands pouvoirs de l'État et des formes réglementaires de l'Assemblée nationale, par Ph. Valette, secrétaire de la présidence. *Paris*, 1850, impr. nat., in-8, br.

106. — Recueil des circulaires et instructions émanées du ministère de l'intérieur, de 1831 à 1837 inclusivement. *Paris*, 1848-1849, Paul Dupont, in-8, br., 3 vol.

107. — Code de l'administration charitable, ou Manuel des administrateurs, agents et employés des établissements de bienfaisance; par Ad. de Watteville, inspecteur-général des établissements de bienfaisance. *Paris*, Ad. Moessard et Jousset, 1841, in-8, rel.

108. — De l'organisation et des attributions des conseils généraux de département et des conseils d'arrondissement, par M. J. Dumesnil. *Paris*, 1837, in-8, rel.

109. — Le Nouveau manuel des conseillers de préfecture, par M. Brun. *Bordeaux*, Henry Faye, in-8, br., 2 vol.

110. — De la Compétence des conseils de préfecture, par J. F. Cocaigne. *Évreux*, Canu, 1838, in-8, br.

111. — Régime administratif et financier des communes, par Davenne. *Paris*, Carilian-Gœury, 2e édition, 1841, in-8, br.

112. — Cours de droit communal (comprenant le droit municipal des Romains), par Migneret. *Paris*, 1846, in-8, br.

113. — Code des municipalités, ou Manuel municipal, par M. Étienne Fauchet, avocat. *Grenoble*, chez l'auteur, 1845, in-8, br., 3 vol.

114. — Du Pouvoir municipal et de la police intérieure des communes, par le président Henrion de Pansey. *Paris*, Dussillon, 5e édition, 1843, gr. in-8, br.

115. — Dictionnaire municipal, par A. de Puibusque. *Paris*, Paul Dupont, 3e édition, 1843, in-8, br., 2 vol.

116. — Traité de la police municipale, par le comte Napoléon de Champagny, docteur en droit. *Paris*, Videcoq, 1844-1847, in-8, br., 3 vol.

117. — Manuel des agents de police, par Liébert. *Nismes*, Ballivet et Fabre, 1843, in-12, br.

118. — Manuel de la gendarmerie. *Paris*, Léautey, 3e édition, 1844, in-12, br.

119. — Histoire de la police de Paris, par M. Horace Raisson. *Paris*, Dussillon, 1844, in-8, br.

120. — Codes des contributions indirectes, ou Lois organiques annotées, par MM. Saillet et Olibo. *Lyon*, impr. de Pommet, 1847, in-8, br.

121. — Dictionnaire de recrutement, par M. Swanton, capitaine au corps royal d'état-major. *Paris*, Gaultier-Laguionie, 1838, in-8, br.

IV. *Droit rural et forestier.*

122. — Commentaire sur les lois rurales françaises, par E. Neveu-Derotrie. *Paris*, Cosse et Delamotte, 1845, in-8, br.

123. — Manuel de droit rural et d'économie agricole, par P. Jacques de Valserres. *Paris*, Gustave Thorel, 1846, in-8, rel.

124. — Dialogues populaires sur le droit rural, par Jacques de Valserres. *Paris*, 1848, in-16, br.

125. — Traité du bornage et de la compétence des actions qui en dérivent, par M. Millet. *Paris*, Delamotte, 1844, in-18, br. — Le même, 2e édition. *Paris*, 1846, in-8, br.

126. — Notions élémentaires de droit administratif appliqué aux matières forestières; ouvrage de feu Tocquaine, publié par M. E. Meaume. *Nancy*, Grimblot, 1845, in-8, br.

127. — Traité de l'affouage dans les bois communaux, par S. Migneret. *Paris*, Defrasne, 1840, in-8, br.

128. — Cours élémentaire de législation et de jurisprudence forestières, par M. E. Meaume. *Nancy*, Grimblot, 1846, in-8, br.

129. — Code annoté des chemins vicinaux, par Bannerot et Henri Hogard. *Épinal*, impr. de Gley, 1844, in-8, br.

130. — Essai sur les chemins vicinaux, par A. Vitard, agent-voyer de l'arrondissement de Beauvais. *Beauvais*, 2e édition, 1847, in-8, br.

131. — Traité de la législation et de la pratique des cours d'eau,

par A. Daviel. *Paris*, Charles Hingray, 3e édition, 1845, in-8, br., 3 vol.

132. — Commentaire de la loi du 29 avril 1845 sur les irrigations, par A. Daviel. *Paris*, Charles Hingray, 1845, in-8, br.

133. — Analyse raisonnée de la législation sur les eaux, par Dubreuil. *Aix*, Aubin, nouvelle édition, 1842, gr. in-8, rel., 2 vol.

134. — Commentaire de la nouvelle loi sur les irrigations (loi du 29 avril 1845), par M. Henri Pellault, docteur en droit. *Paris*, Durand, 1845, in-12, br.

135. — Manuel du chasseur. — Loi sur la chasse, expliquée par M. Championnière. *Paris*, Videcoq, 1844, in-18, br.

136. — Nouveau code des chasses, par MM. J. L. Gillon et G. de Villepin. *Paris*, P. Dupont, 1844, in-12, br.

137. — Législation de la chasse et de la louveterie, commentée par Ch. Berriat-Saint-Prix. *Paris*, Cosse et Delamotte, 1845, in-8, br.

138. — Guide et formulaire des gardes champêtres, par M. Larade. *Paris*, France, 1844, in-18, br.

139. — Manuels-Roret. — Nouveau manuel complet des gardes champêtres communaux ou particuliers, gardes-forestiers, gardes-pêche et gardes-chasse; par M. Boyard, président à la Cour royale d'Orléans. *Paris*, Roret, nouvelle édition, 1847, in-18, br.

— Le même. *Paris*, Roret, 1845, in-18, br.

140. — De la Garantie et des vices rédhibitoires dans le commerce des animaux domestiques, d'après la loi du 20 mai 1838. Nouvelle édition, contenant le texte des jugements et arrêts rendus en cette matière, avec des observations critiques, par J. B. Huzard, médecin vétérinaire, et Adrien Harel, avocat. *Paris*, madame Huzard, 1844, in-12, br.

— Le même. *Paris*, madame Huzard, 1829, in-12, cart.

SCIENCES ET ARTS.

I. *Encyclopédies et Manuels d'enseignement.*

141. — Encyclopédie du XIXe siècle, répertoire universel des sciences, des lettres et des arts, avec la biographie des hommes célèbres. *Paris*, 1846-1848, gr. in-8 à 2 colonnes, 34 premières livraisons, br.

142. — Un million de faits, aide-mémoire universel des sciences, des arts et des lettres. *Paris*, Dubochet, 4e édition, 1846, in-12, br.

143. — Enseignement élémentaire universel, par MM. Andrieux de Brioude et Louis Baudet. *Paris*, Dubochet, 1845, in-12, br.

144. — Instruction pour le peuple. Cent traités sur les connaissances les plus indispensables. *Paris*, Paulin et Lechevalier, 1848-1850, gr. in-8 à 2 colonnes, br., 2 vol.

145. — Entretiens sur les éléments des sciences, par M. Patrice Larroque, recteur de l'académie de Cahors. *Paris*, Hachette, 1842, in-12, rel.

146. — Nouveau manuel complet et méthodique des aspirants au baccalauréat ès lettres, par Em. Lefranc. *Paris*, J. Delalain, 14e édition, 1844, gr. in-18, br. — Le même, 15e édition, gr. in-18, rel.

147. — Manuel du bacalauréat ès lettres, par M. M. Bonnin. *Paris*, Joubert, 1844, gr. in-18, br.

148. — Manuel complet du baccalauréat ès sciences physiques et mathématiques, par MM. Aimé, Bouchardat et Fermond. *Paris*, Germer Baillière, 2e édit., 1846, in-12, rel.

149. — Manuel complet de l'enseignement primaire élémentaire, par M. Léon Hocdé. *Paris*, Hachette, 1845, in-12, cart.

II. *Philosophie, Morale.*

150. — Manuel élémentaire de philosophie, par M. Rattier. *Paris*, Gaume frères, 1844, in-12, br.

151. — Histoire générale de la philosophie ancienne et moderne jusqu'à nos jours, ou Supplément à la bibliothèque choisie des pères grecs et latins, par M. N. S. Guillon, professeur d'éloquence sacrée dans la faculté de théologie de Paris, aumônier de la reine des Français, évêque de Maroc. *Paris*, Depélafol, 1835, in-12, br., 4 vol.

152. — OEuvres philosophiques de Antoine Arnauld. *Paris*, Charpentier, 1843, in-12, rel.

153. — Descartes, 2e édition, publiée par M. L. Aimé-Martin. *Paris*, Lefèvre, 1844, in-12, rel.

154. — Éléments de la philosophie de Newton, par Voltaire. *Amsterdam*, chez Étienne Ledet, 1738, in-8, rel.

155. — Logique de Condillac, à l'usage des élèves des prytanées et lycées de la république française, par Noel. *Paris*, Dufart, 1802, in-12, br., 3 vol.

156. — Traité de logique, par J. Duval-Jouve, professeur de philosophie. *Paris*, Ladrange, 1844, in-8, br.

157. — Harmonies de l'intelligence humaine, par Édouard Alletz. *Paris*, Parent-Desbarres, 1846, in-8, br., 2 vol.

158. — Cicéron, des devoirs, traduction nouvelle par J. L. Burnouf. *Paris*, J. Delalain, 1845, in-12, br.

159. — Les OEuvres morales et meslées de Plutarque, traduites par Jacques Amyot. *Lyon*, Frelon, 1615, in-8, rel., 2 vol.

160. — Essais de Michel de Montaigne, avec les notes de tous les commentateurs; édition publiée par J. V. Le Clerc. *Paris*, Lefèvre, 1844, in-18, br., 3 vol.

161. — Les Caractères de Labruyère, suivis des caractères de Théophraste. *Paris*, Emler frères, 1829, in-8, br., 2 vol.

162. — Les Provinciales, par Blaise Pascal. *Cologne*, chez Nicolas Schouten, 1700, in-12, rel., 2 vol.

163. — OEuvres choisies de Monsieur de Fontenelle. *Londres*, chez Nourse, 1761, in-12, rel.

164. — De l'Esprit, par Helvetius. *Paris*, Durand, 1758, in-12, rel., 2 vol.

165. — De la Philosophie morale, par Joseph Droz, de l'académie française. *Paris*, J. Renouard, 5e édit., 1843, in-18, br.

166. — Traité des erreurs et des préjugés, par Gratien de Semur. *Paris*, Alph. Levavasseur, 1843, in-12, rel.

167. — Recueil de paraboles traduites de l'allemand, par M. Teillac. *Paris*, Paul Mellier, 2e édit., 1845, in-12, br.

168. — Paraboles de Krummacher, traduites de l'allemand par M. L. Bautain. *Strasbourg*, Derivaux, 3e édition, 1840, gr. in-18, br.

169. — Dictionnaire des proverbes, par P. M. Quitard. *Paris*, P. Bertrand, 1842, in-8, rel.

170. — Mes prisons. Mémoires de Silvio Pellico, traduits par P. L. Lezaud. *Paris*, J. Renouard, 1844, in-12, br.

171. — Le Labruyère des jeunes personnes, par madame Mallès de Beaulieu. *Paris*, Lehuby, 7e édition, in-12, br.

172. — La Morale en action, ou Choix de faits mémorables et d'anecdotes instructives. *Lille*, Martin-Muiron, 1832, in-12, br.

173. — Académie française. Prix de vertu, fondés par M. de Montyon. Années 1840-1850. *Paris*, Firmin Didot, in-18, rel.

174. — De la Passion du jeu, par M. Dusaulx. *Paris*, de l'impr. de Monsieur, 1779, in-8, rel.

175. — Nouveau traité de civilité, par J. B. J. de Chantal. *Paris*, Périsse frères, 5e édit., in-12, br.

III. *Politique, Économie sociale.*

176. — OEuvres de Montesquieu. *Lausanne*, chez François Grasset, 1761, in-12, rel., 4 vol.

177. — De la Propriété, par M. A. Thiers. *Paris*, Paulin, 1849, in-18, br.

178. — Petits traités publiés par l'académie des sciences morales et politiques. *Paris*, Firmin Didot, 1848-1849, in-18, br., 16 vol. :

Justice et Charité, par M. Victor Cousin.
De la Propriété d'après le Code Civil, par M. Troplong.
Des causes de l'inégalité des Richesses, par M. Hippolyte Passy.
Bien-Être et Concorde des classes du peuble français, par M. Ch. Dupin.
Enseignement et sort des ouvriers, par le même.
De la vraie Démocratie, par M. Barthélemy Saint-Hilaire.
Des Associations ouvrières, par M. Villermé.
L'Homme et la Société, par M. Portalis, 2 vol.
Vie de Franklin, par M. Mignet, 2 vol.
Des classes ouvrières en France, par M. Blanqui, 2 vol.
De la Providence, par M. Damiron.
De la Santé du peuple, par M. Lélut.
Égalité, par le même.

179. — Éléments de l'économie politique, par M. Joseph Garnier. *Paris*, Guillaumin, 1845, in-18, br.

180. — Entretiens de village, par Timon. *Paris*, Pagnerre, 3e édition, 1846, in-18, br.

181. — OEuvres diverses. Économie politique, instruction publique, haras et remontes, par Mathieu de Dombasle. *Paris*, Ve Bouchard-Huzard, 1843, in-8, br.

182. — Des Institutions de crédit foncier en Allemagne et en Belgique, par M. Royer, inspecteur de l'agriculture. *Paris*, impr. roy., 1845, gr. in-8, br.

183. — Des institutions de Crédit foncier et agricole dans les divers états de l'Europe. Nouveaux documents recueillis par ordre de M. Dumas, ministre de l'agriculture et du commerce, et publiés par M. J.-B. Josseau. *Paris*, impr. Nat., 1851, in-8, br.

184. — Histoire de la Charité, par M. Martin-Doisy. *Paris*, J. Lecoffre et Cie, 1848, in-8, br.

185. — Extinction du paupérisme, par le prince Napoléon-Louis Bonaparte. *Paris*, Pagnerre, 2e édit., 1844, in-18, br.

186. — Etat de la question des habitations et logements insa-

lubres, par Alphonse Grün. *Paris*, Guillaumin, 1849, brochure in-12.

187. — Histoire d'un grain de blé et d'une tête de bétail, par Louis Millot. *Paris*, Dezobry, 1849, in-12, br.

188. — Le Livre de l'ouvrier, par A. Égron. *Paris*, P. Mellier, 1844, gr. in-18, br.

189. — Conseils aux ouvriers sur les moyens qu'ils ont d'être heureux; par Th. H. Barrau. *Paris*, Hachette, 1850, in-12, br.

190. — Système pénitentiaire aux États-Unis, par MM. Gustave de Beaumont et Alexis de Tocqueville. *Paris*, Ch. Gosselin, 3e édit., 1845, in-12, rel.

191. — Des Condamnés libérés, par M. Cerfberr, inspecteur-général adjoint des prisons. *Paris*, A. Royer, 1844, gr. in-18, br.

192. — Des Travaux publics dans leurs rapports avec l'agriculture, par Aristide Dumont. *Paris*, Guillaumin, 1848, in-8, br.

193. — Travaux publics spéciaux à la Haute-Marne. Recueil de pièces diverses, 1845-1850, in-8, rel.

194. — Du Concours des canaux et des chemins de fer, et de l'achèvement du canal de la Marne au Rhin, par Ch. Collignon, ingénieur en chef. *Paris*, Carilian-Gœury, 2e édit., 1845, in-8, br.

IV. *Instruction publique, Éducation.*

195. — Rapport au Roi sur l'instruction secondaire, par M. Villemain. *Paris*, impr. roy., 1843, in-4, br.

196. — De l'Éducation populaire et des écoles normales primaires, par M. Prosper Dumont. *Paris*, Dezobry, 1841, in-8, br.

197. — De l'Éducation morale de la jeunesse, à l'aide des écoles normales primaires, par M. Th. H. Barrau, ancien principal du collége de Chaumont. *Paris*, Hachette, 1840, in-8, br.

198. — L'Abbé de la Salle et l'institut des frères des écoles chrétiennes, par un professeur de l'université. *Paris*, Lebrun, 1842, in-18, br.

199. — Considérations sur l'instruction des sourds-muets, par L. P. Paulmier. *Paris*, 1844, in-8, br.

200. — Considérations sur les salles d'asile, par Émile Depasse. *Paris*, Joubert, 1848, in-12, br.

201. — Manuel des salles d'asile, par J. D. M. Cochin. *Paris*, Hachette, 3e édit., 1845, in-8, br.

V. *Sciences mathématiques.*

202. — Rapport historique sur les progrès des sciences mathématiques depuis 1789, et sur leur état actuel, par M. Delambre, secrétaire perpétuel de la classe des sciences mathématiques de l'Institut. *Paris*, impr. imp., 1810, gr. in-8, br.

203. — Leçons d'arithmétique et de toisé, par J. P. Ducros (de Sixt). *Paris*, Ve Maire-Nyon, 3e édit., 1838, in-18, cart.

204. — Abrégé d'arithmétique, par P. L. Cirodde. *Dijon*, Douillier, 7e édit., 1846, in-18, br.

205. — Arithmétique élémentaire théorique et pratique, par E. Dufour. Partie du maître et partie de l'élève. *Paris*, E. Ducrocq, 1845, in-18, br., 2 vol.

206. — Traité d'arithmétique à l'usage des élèves qui se destinent à l'école polytechnique et à l'école spéciale militaire, par A. A. L. Reynaud. *Paris*, madame Ve Courcier, 10e édit., 1829, in-8, rel.

207. — Manuel du Capitaliste, par feu Bonnet. *Paris*, 11e édition, 1846, in-8, rel.

208. — Comptes faits de Barrême en francs et centimes. *Paris*, Moronval, édition stéréotype, 1833, in-32, br.

209. — Le prompt calculateur des salaires, par H. G. *Paris*, Gabriel et Mallet, 1845, 5 fascicules gr. in-8, br.

210. — Nouveau manuel complet des poids et mesures, par M. Tarbé. *Paris*, Roret, 1840, in-18, br.

211. — La pratique des poids et mesures du système métrique, par M. Saigey. *Paris*, Hachette, 1848, in-18, br.

212. — Nouveau Barrême métrique, par MM. Desperrois et Féron. *Elbeuf*, Levasseur, 1845, in-12, br.

213. — Traité élémentaire d'algèbre, par Choquet et Mayer. *Paris*, Bachelier, 5e édit., 1849, in-8, br.

214. — Premiers éléments de géométrie, texte et planches, par Hte Sonnet. *Paris*, Hachette, 1845, in-12, rel.

215. — Géométrie usuelle, trigonométrie rectiligne et statique, par G. F. Olivier. *Paris*, J. Delalain, 6e édition, 1845, in-8, br.

216. — Traité de géométrie théorique et pratique, par Eysséric et Pascal. *Paris*, Langlois et Leclercq, 2e édition, 1850, in-12, br.

217. — Les Analogies de la géométrie élémentaire, par A. Mahistre. *Paris*, Hachette, 2e édit., 1844, in-8, br.

218. — Guide du géomètre pour les opérations d'arpentage et le rapport des plans, par Goulard-Henrionnet. *Paris*, Dusacq, 1849, texte et atlas, in-8, br., 2 vol.

219. — Traité complet d'arpentage, par J. B. G. *Beauvais*, Boquillon-Porquier, 1845, in-8, br.

220. — Cours de mécanique pratique, par Bernoulli; traduit de l'allemand par Valerius. *Paris*, Roret, in-18, br.

221. — Traité d'hydraulique à l'usage des ingénieurs, par J. F. d'Aubuisson de Voisins, ingénieur en chef, directeur au corps royal des mines. *Paris*, Pitois-Levrault, 2e édit., in-8, br.

222. — Manuel de gnomonique élémentaire, par C. Boutereau. *Paris*, Roret, 1845, in-18, br.

223. — Leçons d'astronomie, professées à l'Observatoire par M. Arago. *Paris*, Just Rouvier, 3e édit., 1840, in-18, br.

224. — Lettres sur l'astronomie, par Albert Montémont. *Paris*, Armand Aubrée, 1838, 3e édit., in-8, br., 2 vol.

225. — Les Mondes, ou Essai philosophique sur les conditions d'existence des êtres organisés dans notre système planétaire, par F. E. Plisson, d. m., professeur à l'athénée royal de Paris. *Paris*, Paulin, 1847, in-12, br.

226. — Le Firmament expliqué, par F. Kaiser, professeur d'astronomie à l'Université de Leyden, traduit par le baron Forstner de Dambenoy. *Paris*, Henri Féret, 1850, brochure in-8.

VI. *Physique*, *Chimie*, *Géologie*.

227. — Rapport historique sur les progrès des sciences naturelles depuis 1789, et sur leur état actuel, par M. Cuvier, secrétaire perpétuel de la classe des sciences physiques de l'Institut. *Paris*, impr. imp., 1810, gr. in-8, br.

228. — Résumé d'un cours élémentaire de géographie physique, par J. V. F. Lamouroux. *Paris*, Verdière, 1829, in-8, br.

229. — Petite physique du globe, par M. Saigey. *Paris*, Hachette, 1849, in-18, br., 2 vol.

230. — Traité élémentaire de physique, par M. l'abbé Pinault. *Paris*, Gaume frères, 2e édit., 1836, in-8, rel., 2 vol.

231. — Éléments de physique en trente leçons, par A. Teyssèdre. *Paris*, Rousselon, 1824, in-12, rel.

232. — Cours de physique expérimentale, par F. Marcet. *Paris*, Cherbuliez, 4e édit., 1850, in-12, br.

233. —Physique élémentaire avec ses principales applications, par A. Bouchardat. *Paris*, Germer Baillière, 1851, 3e édition, in-12, br.

234. — Notions sur la physique, la chimie et les machines, par M. Sainte-Preuve. *Paris*, L. Hachette, 1838, in-12, rel.
—Le même. *Paris*, Hachette, 1844, in-18, avec planches, br.

235. — Leçons de physique, de chimie, de zoologie et de botanique, par L. Salle. *Châlons*, Boniez-Lambert, 1844, in-12, br. 2 vol.

236. — Lettres sur la chimie considérée dans ses applications à l'industrie, à la physiologie et à l'agriculture, par M. Justus Liebig, professeur à l'université de Giessen; nouvelle édition française publiée par M. Charles Gerhardt. *Paris*, Charpentier, 1847, gr. in-18, br.

237. — Notions élémentaires de chimie, par M. Alexandre Messas. *Paris*, Hachette, 2e édition, 1850, in-18, br.

238. — Historiettes sur la chimie, par P. Huttemin. *Angers*, Launay-Gagnot, 1838, in-12, rel.

239. — Précis de Chimie industrielle à l'usage des écoles préparatoires aux professions industrielles, des fabricants et des

agriculteurs, par A. Payen, membre de l'académie des sciences. *Paris*, Hachette, 2e édition, 1851, texte et planches, in-8, br., 2 vol.

240. — Ch. Lyell. Principes de géologie, traduits par madame Tullia Meulien. *Paris*, Langlois et Leclercq, 1843, in-12, rel., 2 vol.

241. — Nouveau traité des sciences géologiques, par L. F. Jéhan. *Paris*, Périsse frères, 2e édition, 1844, in-12, br.

242. — Cours élémentaire d'histoire naturelle. Géologie, par M. F. S. Beudant. *Paris*, Langlois et Leclercq, in-12, br.

243. — Cours élémentaire d'histoire naturelle. Minéralogie, par M. F. S. Beudant. *Paris*, Langlois et Leclercq, 5e édition, 1851, in-12, br.

VII. *Histoire naturelle de l'homme, Hygiène, Médecine.*

244. — Anthropologie, ou Étude des organes, fonctions et maladies de l'homme et de la femme, par Antonin Bossu. *Paris*, Comon et Ce, 1846, in-12, avec atlas gr. in-8 de 20 planches coloriées, rel.

245. — Manuel de physiologie, traduit de l'allemand de J. Muller, par A. J. L. Jourdan. *Paris*, J. B. Baillière, 1845, gr. in-8, rel., 2 vol.

246. — Nouveau manuel d'anatomie générale, par L. F. Marchessaux. *Paris*, Germer Baillière, 1844, gr. in-18, br.

247. — Petit atlas complet d'anatomie, par J. N. Masse. *Paris*, Méquignon-Marvis, 3e édition, 1846, gr. in-12, rel.

248. — Hippocrate, œuvres choisies, traduites par le Dr Ch. V. Daremberg. *Paris*, Lefèvre, 1843, in-12, rel.

249. — Histoire naturelle de la santé et de la maladie chez les végétaux, chez les animaux et chez l'homme, par F. V. Raspail. *Paris*, 2e édition, 1846, gr. in-8, br., 3 vol.

250. — Dictionnaire portatif de santé, par MM. L***, de B***, et Sue, maître en chirurgie. *Paris*, chez Vincent, 1760, in-12, rel., 3 vol.

251. — Manuel de la santé, par F. V. Raspail. *Paris*, 1845, in-12, rel.

252. — Notions d'hygiène pratique, par le Dr Isidore Bourdon. *Paris*, Hachette, 1844, in-18, br.

253. — Manuel d'hygiène, par le docteur F. Foy. *Paris*, Germer Baillière, 1845, gr. in-18, br.

254. — Petit manuel d'hygiène contre les épidémies, par J. J. Virey, de l'académie de médecine. *Paris*, Crochard, 1832, in-18, br.

255. — Conseils hygiéniques aux cultivateurs, par un maire de campagne. *Paris*, impr. d'E. Duverger, 1850, brochure in-12.

256. — Galerie des centenaires anciens et modernes, par Charles Lejoncourt. *Paris*, P. Dupont, 1842, in-8, br.

257. — Traité de la cause de la digestion, par Me Jean Astruc, de la Société royale des sciences. *Toulouse*, chez Ant. Colomiez, 1714, in-12, rel.

258. — Traité analytique de la digestion, par N. Blondlot. *Nancy*, Grimblot, 1843, in-8, br.

259. — Premiers secours avant l'arrivée du médecin, par M. F. Cadet-Gassicourt. *Paris*, Labé, 1845, in-12, br. — 2 exemplaires.

260. — Manuel des accouchements et des maladies de femmes grosses et accouchées, par J. Jacquemier. *Paris*, Germer Baillière, 1846, gr. in-18, br., 2 vol.

261. — Traité pratique de l'art des accouchements, par Chailly (Honoré). *Paris*, J. B. Baillière, 1842, in-8, br., avec figures.

262. — Résumé complet de chirurgie, suivi de l'art des accouchements, par A. P. Meirieu, d. m. p. De l'Encyclopédie portative de Bailly de Merlieux. *Paris*, Bachelier, 1826, in-24, br.

263. — Manuel des nourrices, par madame Elisabeth Celnart. *Paris*, J. Renouard, 1834, in-18, br.

264. — Manuel pratique des maladies des nouveaux-nés et des enfants à la mamelle, par M. le docteur Bouchut. *Paris*, J. B. Baillière, 1845, gr. in-18, br.

265. — Traité théorique et pratique des maladies des enfants, par Al. Becquerel. *Paris*, Just Rouvier, 1842, in-8, br.

266. — Manuel des garde-malades, par J. Morin. *Paris*, Roret, 1846, in-18, br.

267. — Manuel de matière médicale, par M. Bouchardat. *Paris*, Germer Baillière. 2ᵉ édition, 1846, in-12, rel.

268. — La Médecine et la chirurgie des pauvres. *Paris*, veuve Lecomte, 1749, in-12, rel.

269. — Traité de chimie pathologique, par S. D. Lhéritier. *Paris*, J. B. Baillière, 1842, in-8, br.

270. — Traité pratique, dogmatique et critique de l'hypocondrie, par C. F. Michéa. *Paris*, Labé, 1845, in-8, br.

271. — Précis analytique sur le cancer de l'estomac, par le docteur Barras. *Paris*, Béchet jeune, 1842, in-8, br.

272. — La Gastrite, par J. C. Bésuchet de Saunois. *Paris*, Labé, 5ᵉ édition, 1846, in-8, br.

273. — De la Génération des vers dans le corps de l'homme, par Mᵉ Nicolas Andry. *Paris*, chez Laurent d'Houry, 1715, in-12, rel.

274. — Manuel pratique de bandages, par A. Saint-Arroman. *Paris*, Just Rouvier, 1845, in-12, br.

275. — Recherches anatomiques, pathologiques et thérapeutiques sur les rétrécissements de l'urètre, par L. Auguste Mercier. *Paris*, Labé, 1845, gr. in-8, br.

276. — Manuel pratique des maladies des voies urinaires et de celles des organes de la génération, par M. Goeury-Duvivier. *Paris*, Ed. Garnot, 1843, in-8, br.

277. — Maladies des organes urinaires et génitaux, par L. Auguste Mercier. *Paris*, Béchet jeune, 1841, in-8, br.

278. — De la Cure radicale des hernies, par le docteur Jalade-Lafond. *Paris*, Baillière, 24ᵉ édition, 1845, in-8, br.

279. — Nouveau traitement de la goutte et des douleurs goutteuses, par J. F. Dancel, docteur en médecine. *Paris*, Caumont et Cⁱᵉ, 1848, in-8, br.

280. — Le Livre des goutteux, par MM. Astier (du Puy) et C. Lebel (de Bourges). *Paris*, France, 1845, in-8, br.

281. — Des Maladies chroniques, spécialement de la phthisie pulmonaire, par le docteur Tirat de Malemort. *Paris*, J. B. Baillière, 1845, in-8, br.

282. — Recherches anatomiques, pathologiques et thérapeutiques sur la phthisie, par M. Louis. *Paris*, J. B. Baillière, 2ᵉ édition, 1843, in-8, br.

283. — Manuel pratique de percussion et d'auscultation, par le docteur F. Andry. *Paris*, Germer Baillière, 1844, in-12, br.

284. — Mémoire sur les fumigations sulfureuses, par J. C. Galès, docteur en médecine. *Paris*, 1824, in-8, br.

285. — De l'Identité du typhus et de la fièvre typhoïde, par Gaultier de Claubry. *Paris*, J. B. Baillière, 1844, in-8, br.

286. — Études sur la fièvre intermittente pernicieuse, par le docteur Gouraud père. *Avignon*, impr. de L. Aubanel, 1842, in-8, br.

287. — De la Fièvre pernicieuse dans les pays marécageux de la Dombes et de la Bresse, par le docteur Constantin Olivier. *Bourg-en-Bresse*, impr. de Milliet-Bottier, 1845, in-8, br.

288. — Règne épidémique de 1842, 1843, 1844 et 1845, par E. Colas de Sourdun. *Paris*, Labé, 1845, in-8, br.

289. — Mémoire sur la fièvre typhoïde, par J. B. de Larroque. *Paris*, Just Rouvier, 1839, in-8, br.

290. — Manuel médical, par P. Figayrolles. *Millau*, impr. de Carrère jeune, 1840, in-12, br.

291. — Histoire de la suette miliaire périgourdine, par le docteur H. Parrot. *Paris*, P. Dupont, 1843, in-8, br.

292. — Rapport à l'Académie de médecine sur la peste et les quarantaines, par M. le docteur Prus. *Paris*, J. B. Baillière, 1846, in-8, br.

293. — Rapport sur le choléra-morbus, lu à l'Académie de médecine en 1831. *Paris*, impr. roy., 1831, in-8, br.

294. — Essai sur l'infection purulente, par Louis Fleury. *Paris*, Labé, 1844, in-8, br.

295. — Mémoire sur le traitement des plaies, par le docteur Alex. Colson. *Paris*, J. B. Baillière, 1845, in-8, br.

296. — Traité des plaies d'armes à feu, par le docteur L. Serrier. *Paris*, Just Rouvier, 1844, in-8, br.

297. — De l'Hydrothérapie, ou du Traitement des maladies par l'eau froide, par M. Engel. *Paris*, Béchet jeune, 1840, in-8, br.

298. — De l'Eau sous le rapport hygiénique et médical, ou de l'Hydrothérapie, par H. Scoutetten. *Paris*, P. Bertrand, 1843, in-8, br.

299. — Manuel des baigneurs, précédé de l'Histoire des bains chez tous les peuples et suivi d'un Traité de la natation, par V. Raymond, d. m. p. *Paris*, A. René, 2e édition, 1844, in-12, br. — 2 exemplaires.

300. — Bourbonne et ses eaux thermales, par M. Renard Athanase. *Paris*, impr. de Gaultier-Laguionie, 1826, in-18, br.

301. — Dissertation sur les eaux minérales, froides et thermales de Plombières. *Strasbourg*, impr. de Levrault, 2e édition, 1835, gr. in-8, br.

302. — Eaux minéro-thermales de Plombières, par le docteur Léopold Turck. *Paris*, Baillière, 4e édition, 1847, gr. in-8, br.

303. — Médecine physiologique, par L. F. Bigeon, d. m. p. *Paris*, Derache, 1845, in-8, br.

304. — Actes du congrès médical de France. *Paris*, impr. de Hennuyer, 1846, in-8, br.

305. — Chirurgie oculaire, par Charles Deval. *Paris*, Germer Baillière, 1844, in-8, br.

306. — Théorie de l'œil, par L. L. Vallée. *Paris*, J. B. Baillière, 1844-1846, in-8, br.

307. — Traité philosophique et clinique d'ophtalmologie, par M. F. Rognetta. *Paris*, Just Rouvier, 1844, in-8, br.

308. — Hygiène des yeux, par J. A. Goullin, docteur en médecine. *Paris*, 2e édition, 1843, in-8, br.

309. — Le Dentiste des familles, ou Manuel d'hygiène de la bouche, par Paul Gresset. *Paris*, Just Rouvier, 1845, gr. in-18, br.

310. — Manuel d'hygiène dentaire, par William Rogers. *Paris*, 1845, in-12, br.

311. — Encyclopédie du dentiste, par William Rogers. *Paris*, J. B. Baillière, 1845, in-8, br.

312. — Phytographie médicale, histoire des substances héroïques et des poisons tirés du règne végétal, par Joseph Roques. *Paris*, Cormon et Blanc, 1835, in-8, br., 3 vol., avec atlas gr. in-4 de 150 planches coloriées.

313. — Manuel pratique de médecine légale, par M. le Dr Henri Bayard. *Paris*, Germer Baillière, 1843, gr. in-18, br.

314. — Manuel de la Cour d'assises, ou Recueil des principes de la toxicologie, par M. Jules Barse. *Paris*, Labé, 1845, in-12, br.

315. — Manuel médical du recrutement. *Marseille*, Marius Olive, 1837, in-18. br.

VIII. *Histoire naturelle des Animaux.*

316. — Histoire des animaux par Pline, traduite en français par Gueroult. *Paris*, Lefèvre, 1845, in-18, br.

317. — Dictionnaire d'histoire naturelle, par Valmont de Bomare. *Paris*, Lacombe, 1768, in-12, rel., 6 vol.

318. — Dictionnaire universel d'histoire naturelle, publié sous la direction de M. Charles d'Orbigny. *Paris*, Langlois et Leclercq, 1842-1849, gr. in-8 à 2 colonnes, rel., 13 vol.

319. — Leçons élémentaires d'histoire naturelle, par F. Humbert. *Nancy*, Vidart, 1836, in-12, br.

320. — Précis élémentaire d'histoire naturelle, par M. G. Delafosse. *Paris*, Hachette, 5e édition, 1846, in-12, br.

321. — Étude physiologique de l'instinct chez l'homme et chez les animaux, par M. Gabillot. *Paris*, J. B. Baillière, 1844, in-8, br.

322. — De l'Instinct et de l'intelligence des animaux. Résumé des observations de Frédéric Cuvier sur ce sujet, par P. Flourens, secrétaire perpétuel de l'Académie des sciences. *Paris*, Paulin, 2e édition, 1845, in-12, br.

323. — Mœurs, instinct et singularités de la vie des animaux mammifères, par P. Lesson, correspondant de l'Académie des sciences. *Paris*, Paulin, 1842, gr. in-18, br.

324. — Des Causes des migrations des divers animaux, par Marcel de Serres. *Paris*, Lagny frères, 2e édition, 1845, in-8, br.

325. — Recherches chimiques sur la respiration des animaux des diverses classes, par MM. V. Regnault et J. Reiset. *Paris*, Bachelier, 1849, in-8, br.

326. — Résumé d'ichthyologie, ou d'Histoire naturelle des pois-

sons, par M. Ajasson de Grandsagne. De l'Encyclopédie de Bailly de Merlieux. *Paris*, Bachelier, 1829, in-24, br.

327. — Les Animaux célèbres, par J. Caboche Demerville. *Paris*, Dauvin et Fontaine, 1845, gr. in-8, illustré, br.

328. — Les Animaux raisonnent. Examen de leur organisation, de leurs mœurs, et des faits les plus intéressants de leur histoire, par Alfred de Nore. *Paris*, Delahaye, 1845, in-8, br.

IX. *Botanique.*

329. — Nouveaux éléments de botanique et de physiologie végétale, par A. Richard. *Paris*, Béchet jeune, 5e édition, in-8, rel.

330. — Éléments de botanique, spécialement destinés aux établissements d'éducation, par N. C. Seringe. *Lyon*, Charles Savy, 1845, in-8, avec planches, br.

331. — Leçons de botanique, par Auguste de Saint-Hilaire, membre de l'Académie des sciences. *Paris*, Loss, 1841, in-8, br., avec planches.

332. — Dictionnaire botanique et pharmaceutique, par ***. *Paris*, Didot, 1748, in-8, rel.

333. — Types de chaque famille et des principaux genres des plantes croissant spontanément en France; par F. Plée. *Paris*, J. B. Baillière, in-4, avec planches coloriées, 41 premières livraisons, br.

334. — Histoire des plantes des environs de Paris, par M. Pitton Tournefort. *Paris*, impr. roy., 1698, in-12, rel.

335. — Tableau analytique de la Flore parisienne, par Al. Bautier. *Paris*, Labé, 1843, in-18, br.

336. — Énumération des genres de plantes cultivées au Muséum d'histoire naturelle de Paris, par M. Adolphe Brongniart. *Paris*, J. B. Baillière, 2e édition, 1850, in-12, br.

337. — La Botanique sans maître, ou Étude des fleurs et des plantes champêtres de l'intérieur de la France, par M. Dubois. *Lunéville*, nouvelle édition, refondue par Auguste Jandel, 1851, in-12, br.

X. *Agriculture.*

A. *Préceptes généraux et traités d'Agriculture, Économie rurale, Agriculture locale.*

338. — Les Agronomes latins, Caton, Varron, Columelle, Palladius, avec la traduction en français, publiés sous la direction de M. Nisard. *Paris*, Dubochet, 1844, gr. in-8, rel.

339. — Cours d'agriculture, par le comte de Gasparin, pair de France. *Paris*, Dusacq, 1843-1847, in-8, rel., 5 vol.

340. — Maison rustique du XIXe siècle, publiée sous la direction du docteur Alex. Bixio. *Paris*, librairie agricole, 1844-1845, gr. in-8, rel., 5 vol.

— Le même, même édition, br., 5 vol.

341. — Annales agricoles de Roville, par Mathieu de Dombasle. *Paris*, madame Huzard, 1830-1832, in-8, br., 8 vol.

— Supplément aux annales agricoles de Roville, par Mathieu de Dombasle. *Paris*, madame Huzard, 1837, in-8, br.

342. — Statistique de l'agriculture de la France, par Alex. Moreau de Jonnès. *Paris*, Guillaumin, 1848, in-8, br.

343. — Notes économiques sur l'administration des richesses et la statistique agricole de la France, par C. E. Royer, d. m. p. *Paris*, 1843, gr. in-8, et atlas in-fol., br.

344. — Des Systèmes de culture et de leur influence sur l'économie sociale, par M. H. Passy. *Paris*, Guillaumin, 1846, in-8, br. — 2 exemplaires.

345. — Compte rendu de l'exécution du décret du 3 octobre 1848, relatif à l'enseignement professionnel de l'agriculture. *Paris*, impr. nat., 1850, in-4, br.

346. — Exposé général de l'enseignement agricole de l'institution royale de Grignon. *Paris*, Bouchard-Huzard, 1841, in-8, br.

347. — Grignon, institution agronomique. Quinze ans d'exploitation et de direction, par M. Caffin d'Orsigny. *Paris*, impr. de Henri, 1845, in-8, br.

348. — Calendrier du bon cultivateur, par C. J. A. Mathieu de

Dombasle. *Paris*, madame veuve Bouchard-Huzard, 7e édition, 1843, in-12, rel.

— Le même, même édition, br. — 2 exemplaires.

349. — Œuvres de Jacques Bujault, laboureur à Chaloue. *Paris*, Félix Malteste, édition illustrée, 1845, in-8, rel.

350. — Guide des comices et des propriétaires, par Jacques Bujault, laboureur à Chaloue. Extrait du Cultivateur. *Paris*, 1843, brochure in-8. — 6 exemplaires.

351. — Guide des propriétaires de biens soumis au métayage, par le comte de Gasparin. *Paris*, Dusacq, 1847, in-8, br.

352. — Guide des propriétaires de biens ruraux affermés, par de Gasparin. *Paris*, Dusacq, 2e édition, in-12, br.

353. — Mélanges d'agriculture et d'économie publique, par le comte André de Bonneval. *Paris*, madame veuve Bouchard-Huzard, 1843, in-8, br.

354. — Manuel d'agriculture, par V. Rendu. *Paris*, Hachette, 1838, in-12, br. — 3 exemplaires.

355. — Manuel d'agriculture, par M. L. Moll. *Nancy*, 1841, in-12, cart.

— Le même, même édition, br. — 2 exemplaires.

356. — Manuel populaire d'agriculture, par J. A. Schlipf, traduit de l'allemand, par Napoléon Nicklès. *Strasbourg*, Frédéric Charles Heitz, 1844, in-8, rel.

— Le même, même édition, br. — 2 exemplaires.

357. — Manuel de l'agriculteur commençant, par J. N. Schwerz, traduit de l'allemand par Charles et Félix Villeroy. *Paris*, librairie de la maison rustique, 1844, in-8, br.

— Le même. *Paris*, 2e édition, 1846, gr. in-18, br.

358. — Manuel d'agriculture, par Jules Martinelli. *Bordeaux*, Féret fils, 2e édition, 1846, in-18, br. — 2 exemplaires.

359. — Manuel élémentaire d'agriculture, par M. Louis Gossin fils. *Vouziers*, Flamant-Ansiaux, 1838, in-12, br. — 4 exemplaires.

360. — Manuel élémentaire d'agriculture, à l'usage des écoles primaires des départements du midi, par D. J. Quenin. *Avignon*, impr. de Jacquet, 1839, in-12, br. — 2 exemplaires.

361. — Cours d'agriculture théorique et pratique à l'usage des plus simples cultivateurs, par Émile Jamet. *Chateaugontier*, Delaplace, 1846, in-12, br. — 3 exemplaires.

362. — L'Agriculture raisonnée, ou Manuel complet et spécial du cultivateur, par l'abbé Picard. *Niort*, Robin et Ce, 1844, in-12, br. — 3 exemplaires.

363. — Petit cours d'agriculture, ou Encyclopédie agricole, par M. Mauny de Mornay. *Paris*, Roret, 1842, in-18, br., 7 vol. :

Livre du cultivateur.

Livre du jardinier, 2 vol.

Livre du forestier.

Livre du vigneron.

Livre de l'éleveur et du propriétaire d'animaux domestiques.

Livre de l'économie et de l'administration rurales.

364. — Traité élémentaire d'agriculture pratique, à l'usage des écoles primaires, par Léonard Grabias. *Auch*, L. A. Brun, 1843, in-18, br.

365. — Premiers éléments d'agriculture, par L. Bentz et A. J. Chrétien (de Roville). *Paris*, Édouard Têtu et Ce, 1845, in-18, br., 2 vol.

366. — Le Petit agriculteur, ou Éléments de botanique et de zoologie agricoles, par N. C. Seringe. *Lyon*, 1841, in-18, br.

367. — Le Véritable guide des cultivateurs, ou Vie agricole de Jacques Gouyer dit le Paysan philosophe, par J. E. Dezeimeris. *Paris*, Dusacq, 1847, in-12, br.

368. — La Maison de campagne, par madame Aglaé Adanson. *Paris*, Audot, 5e édition, 1845, gr. in-18, br., 2 vol.

369. — Maison rustique des dames, par madame Cora Millet. *Paris*, Dusacq, 1845, gr. in-18, br., 2 vol.

370. — Cours d'agriculture, de viticulture et de jardinage, par Mathieu Risler père. *Mulhouse*, P. Baret, 1849, in-12, br.

371. — Simples notions sur l'agriculture, le jardinage et les plantations, par Th. H. Barrau. *Paris*, Hachette, 1849, in-12, br.

372. — Traité de la culture des terres, suivant les principes de M. Tull, par M. Duhamel du Monceau. *Paris*, Hippolyte Louis Guérin, 1753, in-12, rel., 3 vol.

373. — Aux cultivateurs français. Des Moyens d'améliorer les terres, par M. J. Plagnat. *Strasbourg*, impr. de Berger-Levrault, 1843, in-12, br.

374. — Le Bien de tous par l'agriculture, indiqué par J. Pelte, cultivateur à La Grange-d'Envie, près Metz. *Metz*, Warion, 1848, brochure in-12.

375. — Le Parfait fermier, ou la Nouvelle maison rustique, suivi de la biographie des agronomes et agriculteurs célèbres, par O. Chaptal. *Paris*, Giroux et Vialat, 1848, in-12, br., 1 vol.

376. — Assolements, jachère et succession des cultures, par feu Victor Yvart; ouvrage annoté par son petit-fils, Victor Rendu, inspecteur de l'agriculture. *Paris*, Roret, 1842, in-4, rel.

377. — Pratique des semailles à la volée, par M. Pichat. *Paris*, madame veuve Bouchard-Huzard, 1845, in-8, br. — 4 exemplaires.

378. — Essai d'un catalogue méthodique et synonymique des froments qui composent la collection de L. Vilmorin. *Paris*, librairie agricole, 1850, gr. in-8, br.

379. — De la culture du colza, et de ses avantages, tant sous le rapport des produits que sous celui de la suppression des jachères; par M. Hotton. *Paris*, madame Huzard, 1832, in-8, br.

380. — Traité sur le chanvre du Piémont de la grande espèce (cannabis gigantea), sa culture, son rouissage et ses produits; par P. Rey. *Grenoble*, Baratier frères, 1840, in-12, br.

381. — De la culture du maïs, par M. Le Lieur. *Paris*, Dusacq, brochure in-12.

382. — Préservatif d'agronomie empirique, ou Lettres agricoles adressées à un cultivateur débutant, manuel complet de l'agriculture pratique, par M. de Travanet. *Paris*, Bouchard-Huzard, 1845, in-8, br.

383. — Économie rurale considérée dans ses rapports avec la chimie, la physique et la météorologie, par J. B. Boussin-

gault, de l'académie des sciences. *Paris*, Béchet jeune, 2e édition, 1851, in-8, br., 2 vol.

384. — Système progressif annuel. Du perfectionnement de la pratique dans l'agriculture, par M. Fellacher, cultivateur. *Paris*, Bixio, 1849, brochure in-12.

385. — Précis élémentaire de physiologie agricole, par M. Girou de Buzareingues. *Paris*, Ve Bouchard-Huzard, 1849, in-8, br.

386. — Cultures diverses, soupes économiques, etc. Recueil de pièces, in-8, cart.

387. — Agriculture. Recueil de pièces diverses, in-8, rel., 4 vol.

388. — Manuel élémentaire du cultivateur alsacien, traduit en allemand, avec le texte français en regard, par J. L. Stoltz, propriétaire à Andlau. *Strasbourg*, Frédéric Charles Heitz, 1842, in-12, br. — 4 exemplaires.

389. — Agriculture française, par MM. les inspecteurs de l'agriculture. *Paris*, impr. roy., 1843-1847, in-8, br., 7 vol. :

Département de la Haute-Garonne (1843).
— de l'Isère (1843).
— du Nord (1843).
— des Hautes-Pyrénées (1843).
— des Côtes-du-Nord (1844).
— du Tarn (1845).
— de l'Aude (1847).

390. — Statistique agricole générale de l'arrondissement de Morlaix (Finistère), par J. M. Eléouet. *Brest*, impr. de Lefournier, 1849, in-4, br.

391. — De l'Agriculture en Sologne, par A. Beauvallet. *Orléans*, impr. de Danicourt, 1844, in-8, br.

392. — Colonisation et agriculture de l'Algérie, par L. Moll. *Paris*, librairie agricole, 1845, in-8, br., 2 vol. — 2 exemplaires.

393. — Les Fermes du Petit-Atlas, ou Colonisation du nord de l'Afrique, par l'abbé Landmann. *Paris*, Périsse frères, 1841, in-8, br.

394. — L'Agriculture allemande, ses écoles, son organisation, ses mœurs et ses pratiques les plus récentes, par Royer, ins-

pecteur de l'agriculture. *Paris*, impr. roy., 1847, gr. in-8, br.

395. — L'Allemagne agricole, industrielle et politique, par Émile Jacquemin. *Paris*, Bureau, 1842, in-8, br.

396. — L'Agriculture du Gatinais, de la Sologne et du Berry, par M. A. Puvis. *Paris*, madame Huzard, 1833, in-8, br.

397. — Agriculture de partie du Poitou, par M. Sauzeau (Alix). *Niort*, Robin et Cie, 1844, in-8, br. — 2 exemplaires.

B. *Engrais, Amendements.*

398. — Guide de l'agriculteur et du fabricant d'engrais. *Nantes*, Sebire, 1842, in-18, br.

399. — Traité des amendements et des engrais, par P. Joigneaux, représentant du peuple. *Paris*, madame veuve Bouchard-Huzard, 1848, in-18, br.

400. — Traité des amendements, par M. A. Puvis. — Essai sur la marne et sur la chaux. *Paris*, Dusacq, 1848, in-12, br., 2 vol.

401. — Technologie des engrais de l'ouest de la France, par Ed. Moride et Adolphe Bobierre. *Paris*, Langlois et Leclercq, 1848, in-8, br.

402. — Le Fumier de ferme élevé à sa plus haute puissance de fertilisation et n'étant plus insalubre; par Quenard. *Paris*, Dusacq, 1849, brochure in-8.

403. — Observations sur le Fumier de basse-cour, les engrais artificiels, la construction des granges et le labourage profond. Lettre de M. Th. J. Thackeray à M. le comte Du Manoir. *Paris*, Dusacq, 1847, in-8, br.

404. — Des Fumiers considérés comme engrais, par J. Girardin. *Paris*, Langlois et Leclercq, 5e édition, 1847, in-16, br.

405. — Théorie des engrais, et leurs applications spéciales dans l'agriculture, par A. Payen. *Paris*, madame Huzard, 1835, in-8, br.

406. — Catéchisme de chimie et de géologie agricoles, par le professeur F. W. Johnston; traduit de l'anglais par F. André. *Paris*, veuve Bouchard-Huzard, 1847, in-18, br. — 4 exemplaires.

407. — Mémoire sur l'emploi de la chaux en agriculture, par Ch. Piérard. *Paris;* librairie agricole, 1845, gr. in-18, br.— 2 exemplaires.

408. — De la Marne, de sa véritable nature, et de son emploi en agriculture, par M. Desvaux. *Paris*, Vᶜ Bouchard-Huzard, 1847, in-8, br.

409. — Rapport sur la production et l'emploi du sel en Angleterre, adressé à M. le ministre de l'agriculture et du commerce, par M. Milne Edwards. *Paris*, impr. nat., janvier 1850, in-4, br.

410. — Rapports à M. le ministre de l'agriculture et du commerce sur le rouissage du lin, le drainage, la nouvelle exploitation de la tourbe, la fabrication et l'emploi des engrais artificiels et des engrais commerciaux; par M. Payen, membre de l'institut. *Paris*, impr. nat., 1850, brochure gr. in-8.

411. — Des Engrais inorganiques en général, et du sel marin en particulier, par M. Becquerel, de l'Académie des sciences. *Paris*, Firmin Didot, 1848, in-12, br.

412. — Recueil de mémoires relatifs à l'emploi du sel marin en agriculture. *Paris*, Bouchard-Huzard, 1849, brochure in-8.

413. — Statique chimique des animaux, appliquée spécialement à la question de l'emploi agricole du sel, par J. A. Barral. *Paris*, librairie agricole, 1850, in-12, br.

C. *Irrigations, Desséchements, Prairies.*

414. — Traité théorique et pratique des irrigations, par M. Nadault de Buffon, ingénieur des ponts et chaussées. *Paris*, Carilian-Gœury, 1843, in-8, br., 3 vol.

415. — Des Irrigations suivant la loi du 16 septembre 1807, par Alphonse de P******. *Paris*, Paul Dupont, 1844, brochure in-8.

416. — Manuel de l'irrigateur, par Félix Villeroy et Adam Muller. *Paris*, Dusacq, in-8, br.

417. — De la Méthode d'irrigation des prés des Vosges, par M. A. Puvis. *Paris*, librairie agricole, brochure in-18.

418. — De l'Emploi des eaux en agriculture, par M. A. Puvis. *Paris*, Dusacq, 1849, in-8, br.

419. — De l'Assainissement des terres et du drainage, par M. Jules Naville. *Paris*, Dusacq, brochure in-12.

420. — Guide du draineur, ou Traité pratique sur l'assèchement des terres, par Henry Stephens, traduit par A. Faure. *Paris*, L. Mathias, 1850, in-8, br.

421. — Observations sur le desséchement et l'assainissement des terres, par Thackeray. *Paris*, veuve Bouchard-Huzard, 2e édition, 1847, in-8, br.

422. — Des Étangs, de leur construction, de leur produit et de leur desséchement, par M. Puvis. *Paris*, madame Huzard, 1844, in-8, br.

423. — Traité des plantes fourragères, ou Flore des prairies naturelles et artificielles de la France, par H. Lecoq. *Paris*, Cousin, 1844, in-8, br.

424. — Note sur la récolte des foins, par A. R. Polonceau, inspecteur divisionnaire des ponts-et-chaussées, en retraite. *Besançon*, impr. de Sainte-Agathe aîné, 1845, brochure in-8.

425. Du Trèfle et de sa culture; extrait des entretiens d'un vieil agronome et d'un jeune cultivateur, par M. B***. *Londres*, 1786, in-12, br.

426. — Établissement et conservation des prairies dans le royaume Lombard-Vénitien, d'après les nouveaux éléments d'agriculture de Filippo Ré, traduits par Phelippe Beaulieux. *Paris*, impr. de Crapelet, 1849, brochure in-8.

D. *Comptabilité rurale, Assurances.*

427. — Éléments de comptabilité rurale, théorique et pratique, par M. Amand Malo. *Paris*, Hachette, 1841, in-12, br.

428. — Traité de comptabilité rurale, par Royer. *Paris*, Bouchard-Huzard, 1840, in-8, br.

429. — Traité de comptabilité agricole, par Edmond de Granges de Rancy. *Paris*, librairie agricole, in-8, br.

430. — Petit traité de comptabilité agricole en partie simple, par Edmond de Granges de Rancy. *Paris*, librairie agricole, in-8, br.

431. — De la Grêle et des moyens d'en combattre les effets, par A. J. Laterrade. *Paris*, Dusacq, 2e édition, 1848, in-8, br.

432. — Des Assurances contre la grêle, par M. Victor Masson, maître des requêtes. *Paris*, impr. de Guiraudet, 1847, in-8, br.

E. *Sylviculture, Défrichements.*

433. — Théorie de l'aménagement des forêts, par M. Noirot-Bonnet. *Paris*, veuve Bouchard-Huzard, 2e édition, 1842, première partie, in-8, br.

434. — Du Produit du sol forestier et de sa comparaison avec les autres biens-fonds, par M. Paul Laurent, inspecteur des forêts. *Nancy*, 1849–1850, chez l'auteur, in-8, br., 2 vol.

435. — Manuel du planteur. — Du Reboisement, par M. de Bazelaire. *Nancy*, Vagner, 1846, in–12, br.

436. — Du Défrichement et du reboisement, par M. A. Dufournel, député de la Haute-Saône. *Paris*, impr. de Henry, 1847, in-8, br.

437. — Manuel pratique de boisement, par M. F. Bonnatier. *Villefranche*, impr. de veuve Pinet, 1844, in-12, br.

438. — Nouveau guide forestier, par Breton aîné. *Paris*, Mathias, 1845, in-18, br.

439. — Le Forestier praticien, par M. F. Crinon. *Paris*, 1847, impr. de Pollet, in-12, br.

440. — Notes sur la culture des bois dans le département des Ardennes, par A. Bouvart. *Mézières*, imp. de Lelaurin-Martinet, 1849, in-8, br.

441. — Histoire des Landes, par P. H. Dorgan. *Auch*, impr. de Foix, 1846, gr. in-8, br.

442. — Exposé des résultats obtenus à Marolles sur des défrichements de landes et de bruyères, par l'emploi du noir animal à petite dose et mêlé à la semence. *Paris*, veuve Bouchard-Huzard, 1849, brochure in-8.

F. *Vignes, Vins.*

443. — Topographie de tous les vignobles connus, par A. Jullien. *Paris*, Mathias, 4e édition, 1848, in-8, br.

444. — Actes du congrès de vignerons français, sessions 1844, 1845 et 1846. — *Marseille*, impr. de Mossy, 3e session, 1844. *Dijon*, Lamarche, 4e session, 1846. *Lyon*, Charles Savy, 5e session, 1847. — In-8, br., 3 vol.

445. — De la Culture de la vigne et de la fabrication du vin, par M. A. Puvis. *Paris*, Dusacq, 1848, in-8, br.

446. — Guide du propriétaire de vigne, par M. Du Puits de Maconex. *Bordeaux*, Chaumas, 1850, in-8, br.

447. — De la Plantation des vignes, par M. de Bec, directeur de la Ferme-modèle des Bouches-du-Rhône. *Aix*, impr. de madame veuve Tavernier, 1845, brochure in-8.

448. — Manuel du Vigneron, par le comte Odart. *Paris*, librairie agricole, 2e édition, 1845, in-12, rel.

449. — Mémoire sur l'anatomie de la vigne, traduit de l'anglais de Capper, par M. de Moléon. *Paris*, Éverat, 1832, brochure in-8.

450. — Premières notions de viticulture et d'œnologie, par Stolz. *Mulhouse*, impr. de Risler, 1848, in-18, br.

451. — Culture et taille de la vigne, par le docteur Écorchard. *Nantes*, L. Guéraud, 1849, in-12, br.

452. — Traité de la taille des vignes à la latte, selon l'usage du Médoc, par un propriétaire de cette contrée. *Bordeaux*, impr. de Lafargue, 1849, brochure in-8.

453. — Catalogue de l'école des vignes de la pépinière du Luxembourg. 1844, in-4, br.

454. — Essai sur la culture des vignes à raisins précoces, par Loiseleur-Deslongchamps. *Paris*, librairie agricole, 1849, in-12, br.

455. — Manuels-Roret. — Culture du chasselas de Fontainebleau, par un vigneron des environs de Fontainebleau. *Paris*, Roret, 1844, in-18, br.

456. — Remarques sur la culture de la vigne dans l'arrondissement de Marmande, par M. Lucinet aîné. *Marmande*, impr. Avit Duberort, 1848, brochure in-4.

457. — Le Vigneron charentais, par Raguenaud. *Angoulême*, impr. d'Eugène Grobot, 1847, gr. in-12, br.

458. — Conseils aux agriculteurs, suivis de rapports sur la question viticole, par J. E. Dezeimeris. *Paris*, Dusacq, 2e édition, 1848, in-12, br.

459. — Ampélographie, ou Traité des cépages les plus estimés dans tous les vignobles de quelque renom, par le comte Odart. *Paris*, Bixio, 1845, in-8, rel.

— Le même. *Paris*, Dusacq, 2e édition, 1849, in-8, br.

460. — Échalas et paisseaux remplacés par des lignes de fil de fer mobiles, par André-Michaux. *Paris*, Dusacq, 1846, brochure in-8.

461. — Nouveau mode de culture et d'échalassement de la vigne, par T. Collignon d'Ancy. *Metz*, Warion, 1847, in-8, br.

462. — Manuel du vigneron français, ou l'Art de cultiver la vigne, de faire les vins, eaux-de-vie et vinaigres; par Arsène Thiébaut de Berneaud. *Paris*, Roret, 1836, in-18, et atlas, br.

463. — L'Art de faire le vin, par le comte Chaptal. *Paris*, Bouchard-Huzard, 3e édition, 1839, in-8, br.

464. — Traité de vinification, par H. Machard. *Besançon*, 1845, in-8, br.

— Le même. *Besançon*, impr. de Jacquin, 2e édition, 1849, in-12, br.

465. — Traité sur les vins de la France, avec planches, par P. Batilliat, pharmacien à Mâcon. *Paris*, Mathion, 1846, in-8, br.

466. — Traité sur les vins du Médoc, par Wm Franck. *Bordeaux*, P. Chaumas, 2e édition, 1845, in-8, br.

467. — Manuels-Roret. — Nouveau manuel complet du sommelier, ou Instruction pratique sur la manière de soigner les vins, par M. A. Jullien. *Paris*, Roret, 1845, in-18, br.

468. — Manuels-Roret. — Nouveau manuel complet du distillateur et du liquoriste, par MM. Lebeaud et Julia de Fontenelle. *Paris*, Roret, 1843, in-18, br.

469. — Manuel théorique et pratique du fabricant de cidre et de poiré, par L. F. Dubief. *Paris*, Roret, 1834, in-18, br.

G. *Horticulture.*

470. — Théorie de l'horticulture, par John Lindley. Traduit de l'anglais par Ch. Lemaire. *Paris*, Cousin, 1841, gr. in-8, br.

471. — Cours d'horticulture, par A. Poiteau. *Paris*, veuve Bouchard-Huzard, 1848, tome 1er, in-8, br.

472. — Remarques sur l'horticulture de quelques parties de l'Europe, par H. Lecoq. *Clermont-Ferrand*, impr. Perol, 1847, brochure in-8.

473. — Flore des jardins et des grandes cultures, par N. C. Seringe. *Lyon*, Charles Savy jeune, 1845-1849, in-8, br., 3 vol.

474. — Prœdium Rusticum Jacobi Vanieri è societate Jesu sacerdotis. *Parisiis*, 1756, in-12, rel.

475. — Le bon Jardinier, almanach pour l'année 1846. *Paris*, Dusacq, 1846, in-12, rel.

— Le même, pour 1849. *Paris*, 50e édition, 1849, in-12, br.

476. — L'École du jardin potager, par De Combles. 6e édition, revue par M. Louis Du Bois. *Paris*, Raynal, 1822, in-12, br., 3 vol.

477. — Compte rendu d'un voyage horticole en Russie, Poméranie, Prusse, Saxe, Westphalie, Bohême, Danemark, Allemagne et Belgique, par M. E. Masson. *Paris*, veuve Bouchard-Huzard, 1849, brochure in-8.

478. — L'Art de composer et de décorer les jardins, par M. Boitard. *Paris*, Roret, 2e édition. Texte et atlas, br., 2 vol. oblongs.

479. — Manuel pratique du jardinage, par Courtois-Gérard. *Paris*, Cousin, 2e édition, 1844, in-18, avec planches, br.

480. — Manière de planter les arbres en toutes saisons, par Moneuze-Grand-Jean, jardinier à Sillery. *Reims*, L. Jacquet, 1848, brochure in-12, avec planches.

481. — Notions sur l'art de faire les boutures, par Neumann. *Paris*, Audot, 2e édition, 1846, in-12, br.

482. — Taille des arbres fruitiers, par d'Albret. *Paris*, madame veuve Bouchard-Huzard, 5e édition, 1845, in-8, br.

483. — De la taille des arbres fruitiers, de leur mise à fruit, et de la marche de la végétation; par M. A. Puvis. *Paris*, Dusacq, in-12, br.

484. — Traité des maladies des arbres fruitiers, par Ferdinand Rubens, traduit de l'allemand par Auguste Mall. *Paris*, Dusacq, 1849, in-12, br.

485. — Pratique raisonnée de la taille du pêcher, par Al. Lepère. *Montreuil-sous-Bois*, chez l'auteur, 1846, in-8, br.

486. — Traité spécial de la taille des poiriers en quenouilles, par le citoyen Lasnier, horticulteur à Sens. *Sens*, Th. Jeulain, 1848, brochure in-8.

487. — Du choix des espèces de poiriers pour un jardin fruitier, taille à préférer, manière de les planter et de les transplanter, par le marquis de Chambray. *Paris*, impr. de Pillet fils aîné, 1846, brochure gr. in-8.

488. — Études sur le prunier et sur la préparation de son fruit, par Aug. Petit-Laffitte. *Bordeaux*, chez Paul Chaumas, 1848, in-8, br.

489. — L'Amateur des fruits, ou l'Art de les choisir, de les conserver et de les employer; par M. L. D. B. *Paris*, Raynal, 1829, in-12, br.

490. — Traité de la conservation des fruits et des meilleures espèces d'arbres fruitiers, par M. Victor Paquet. *Paris*, Cousin, 1844, in-12, br.

491. — Manuel pratique de la culture maraichère de Paris, par J. G. Moreau et J. J. Daverne. *Paris*, veuve Bouchard-Huzard, 1845, in-8, br.

492. — Manuel pratique de la culture maraichère, par Courtois-Gérard. *Paris*, Cousin, 2e édition, 1845, in-12, br.

493. — Monographie de la pomme de terre, par Joseph Bonjean, pharmacien à Chambéry. *Paris*, Germer Baillière, 1846, in-8, br.

— Appendice à la monographie de la pomme de terre, publiée

en mars 1846, par le même. *Chambéry*, 1846, brochure in-8.

494. — Histoire de la maladie des pommes de terre en 1845, par Decaisne. *Paris*, Dusacq, 1846, brochure in-8.

495. — Méthode de la culture du melon en pleine terre, par M. J. F. Noget. *Caen*, impr. de Pagny, 3e édition, 1837, in-8, br.

496. — Traité complet de la culture des melons, par Loisel. *Paris*, Cousin, 2e édition, 1844, in-12, br.

497. — Traité complet de la culture naturelle et artificielle de l'asperge, par Loisel. *Paris*, Cousin, 1847, gr. in-18, br.

498. — Culture de la grosse asperge, dite de Hollande, par M. Fillassier. *Paris*, Méquignon aîné, 1815, in-12, br.

499. — Instruction pratique sur la plantation des asperges, par Bossin. *Paris*, Roret, 1847, brochure in-8.

500. — Traité de la culture des champignons, par Victor Paquet. *Paris*, Cousin, 1848, in-12, br.

501. — Études des rosiers et en particulier des rosiers sur tiges, par M. le docteur Mérat. *Paris*, Bouchard-Huzard, 1849, brochure in-8.

502. — Culture des rosiers écussonnés sur églantiers, par M. Alfred de Tarade, suivie des études des rosiers sur tiges, par M. Mérat. *Paris*, Bouchard-Huzard, 1849, in-8, br.

503. — Instructions pour les semis de fleurs de pleine terre, par Vilmorin-Andrieux et Ce. *Paris*, librairie agricole, 1849, in-18, br.

504. — Traité de la culture des œillets, par Ragonot-Godefroy. *Paris*, Audot, 2e édition, 1844, in-12, br.

505. — Essai sur l'histoire et la culture des plantes bulbeuses, vulgairement appelées oignons à fleurs, par Ch. Lemaire. *Paris*, Cousin, 1843, in-12, br.

506. — Manuel du cultivateur de dahlias, par A. Legrand. 2e édition, revue et corrigée par Pépin. *Paris*, Dusacq, 1848, in-12, br.

507. — Du Fuchsia, son histoire et sa culture, par M. F. P****. *Paris*, Audot, 1845, in-12, br.

H. *Animaux domestiques, Espèces bovine, ovine,* etc.

508. — Histoire naturelle-agricole des animaux domestiques de l'Europe. Races de la Grande-Bretagne (cheval, bœuf, mouton, cochon), par David Low. Traduit de l'anglais et annoté par M. Royer, inspecteur de l'agriculture. *Paris*, 1842-1846, in-4, avec planches coloriées, rel.

509. — Concours d'animaux reproducteurs mâles, d'instruments, machines, ustensiles ou appareils à l'usage de l'industrie agricole, tenu à Versailles en octobre 1850. *Paris*, impr. nat., 1851, gr. in-8, br.

510. — Rapport général sur les questions relatives à la domestication et à la naturalisation des animaux utiles, adressé à M. le ministre de l'agriculture et du commerce, par M. Isidore Geoffroy-Saint-Hilaire. *Paris*, impr. nat., novembre 1849, in-4, br.

511. — Traité de la parturition des principales femelles domestiques, par J. Rainard. *Paris*, veuve Bouchard-Huzard, 1845, in-8, rel., 2 vol.

512. — De la Parturition des principales femelles domestiques; par L. V. Delwart. *Bruxelles*, 1839, gr. in-8, br.

513. — Amélioration des diverses races d'animaux domestiques, par M. Sauzeau (Alix). *Paris*, impr. de Guiraudet, 1846, brochure in-8. — 6 exemplaires.

514. — Rapport sur l'état de la production des bestiaux en Allemagne, en Belgique et en Suisse, par M. Moll. *Paris*, Maison rustique, 1842, gr. in-8, br.

515. — Cours de multiplication et de perfectionnement des animaux domestiques, par L. F. Grognier. *Paris*, Dusacq, 3e édition, 1848, in-8, br.

516. — Traité sur la maladie de poitrine du gros bétail, par O. Delafond. *Paris*, Labé, 1844, in-8, br.

517. — Instruction sur la pleuro-pneumonie ou péripneumonie contagieuse des bêtes bovines, par O. Delafond. *Paris*, Paul Dupont, 1840, brochure in-8.

518. — Concours d'animaux de boucherie à Poissy, Lyon et Bordeaux, de 1844 à 1849. *Paris*, impr. nat., 1849, gr. in-8, br.

519. — Concours d'animaux de boucherie en 1850, à Bordeaux, Lyon, Lille et Poissy. *Paris*, impr. nat., 1850, gr. in-8, br.

520. — Manuel de l'éleveur de bêtes à cornes, par Félix Villeroy, cultivateur à Rittershoff. *Paris*, Dusacq, 1847, in-12, br. — 5 exemplaires.

521. — Notice sur la castration des vaches, par P. A. Morin. *Pontivy*, impr. Lebuzulier, 1845, brochure in-8. — 4 exemplaires.

522. — De l'engraissement des veaux, des bœufs et des vaches; par L. F. Grognier. *Paris*, impr. de madame Huzard, in-12, br.

523. — De la Race bovine courte corne améliorée, dite race de Durham, en Angleterre, aux États-Unis d'Amérique et en France, par M. G. Lefebvre-Sainte-Marie, inspecteur général de l'agriculture. *Paris*, impr. nat., 1849, gr. in-8, et atlas oblong, br.

524. — Instruction sur la manière de conduire et gouverner les vaches laitières; par MM. Chabert et Huzard. *Paris*, impr. de madame Huzard, 3e édition, 1807, in-8, br.

525. — Choix des vaches laitières, par J. H. Magne. *Paris*, Comon, 1850, in-12, br.

526. — Nouveau traité des vaches laitières, par M. Guénon. *Paris*, impr. nat., 2e édition, 1851, in-8, br.

527. — Le Véritable et parfait bouvier moderne, par M. Kerpelani. *Paris*, Vialat et Ce, 1849, in-12, br.

528. — Traité sur la maladie de sang des bêtes à laine, par O. Delafond. *Paris*, impr. de Félix Locquin, 1843, in-8, br.

529. — Extrait de l'instruction pour les bergers et les propriétaires de troupeaux, ou Catéchisme des bergers; par Daubenton. *Paris*, madame Huzard, 5e édition, 1822, in-18, br.

530. — Conseils aux bergers, par M. Dauphin. *Paris*, veuve Bouchard-Huzard, 1850, in-12, br.

531. — Traité pratique de l'éducation du lapin domestique, par J. M. Espanet, religieux trappiste. *Paris*, librairie agricole, 1848, in-18, br.

I. *Haras, Hippiatrique, Équitation.*

532. — Annales des haras et de l'agriculture, publiées par une société d'éleveurs, de professeurs et d'anciens élèves de l'école royale des haras. *Paris*, au bureau des Annales, 1845-1847, in-8, br., 3 vol.

533. — La France chevaline, institutions hippiques, par Eugène Gayot. *Paris*, veuve Bouchard-Huzard, 1848-1850, in-8, br., 4 vol.

534. — Études hippologiques, par Eugène Gayot. *Paris*, Dusacq, 1846-1847, 1 vol. in-8, en deux parties, br.

535. — Abrégé d'hippologie, ou Précis sur la connaissance du cheval, par Laborde. *Paris*, Dumaine, 2e édition, 1843, in-18, br.

536. — De la Conformation du cheval, par M. A. Richard. *Paris*, imprimeurs-unis, 1847, in-8, avec planches, br.

537. — De la Race chevaline, par Eugène Perrault. *Rochefort*, impr. de Lustau, 1849, in-8, br.

538. — Du Cheval en France, par Charle de Boigne. *Paris*, Bohaire, 1843, in-8, br.

539. — Études sur les chevaux français et sur l'amélioration des races communes, par M. Fouquier-d'Hérouel. *Saint-Quentin*, impr. d'Ad. Moureau, 1846, in-8, br.

540. — Traité des chevaux ardennais, par Dubroca. *Charleville*, Jules Huart, 1846, in-8, br.

541. — Manuel de l'éleveur de chevaux, par M. Goux, vétérinaire du département de Lot-et-Garonne. *Agen*, Bertrand, 1849, in-12, br.

542. — Traité sur l'élève du cheval dans le département de Lot-et-Garonne, par M. Goux, vétérinaire. *Agen*, Bertrand, 1849, in-8, br.

543. — Manuel d'hippiatrique, par Didier Castandet. *Châlons-sur-Marne*, Dortu, 1845, in-18, br.

544. — Dictionnaire d'hippiatrique et d'équitation, par F. Cardini. *Paris*, veuve Bouchard-Huzard, 1845, gr. in-8, br.

545. — Nouveau manuel de médecine vétérinaire homoeopathi-

que, par F. A. Gunther, traduit de l'allemand par P. J. Martin. *Paris*, J. B. Baillière, 1846, in-8, br.

546. — Médecine légale hippiatrique, abrégé de la pratique vétérinaire, ou Guide du commerce des animaux domestiques, par F. Jauze. *Paris*, Fromont-Pernet, 2e édition, 1844, in-8, br.

547. — Nouveau traité des robes ou nuances chez le cheval, l'âne et le mulet, par V. Brivet. *Paris*, Labé, 1844, in-8, br.

548. — De la Ferrure sous le point de vue de l'hygiène ou de son influence, par J. B. C. Rodet. *Paris*, L. Bouchard-Huzard, 1841, in-8, br.

549. — Du Crapaud, ou Podoparenchydermite chronique du cheval, suivie du piétin, par M. Mercier. *Evreux*, Canu, 1841, in-8, br.

550. — Traité d'équitation sur des bases géométriques, par A. C. M. Parisot. *Paris*, Roret, 1843, gr. in-8, br.

551. — Méthode d'équitation basée sur de nouveaux principes, par F. Baucher. *Paris*, Leneveu, 5e édition, 1844, gr. in-8, br.

552. — Cours élémentaire et analytique d'équitation, ou Résumé des principes de M. d'Auvergne, par M. le marquis Ducroc de Chabannes. *Paris*, Anselin, 1827, in-8, rel.

553. — Promenades à cheval, ou Manuel d'équitation à l'usage des gens du monde, par M. Rigault de Rochefort. *Paris*, Urbain Canel, 1826, in-18, cart.

J. *Abeilles, Vers à soie.*

554. — Ruche française et éducation des abeilles, par J. Varembey. *Dijon*, Douillier, 1843, in-8, br.

555. — Nouveau manuel des propriétaires et détenteurs d'abeilles, par M. le chev. de Fontenay. *Bar-sur-Aube*, Millot-Pierret, 1829, in-18, br.

556. — Guide de l'apiculteur, par M. Debeauvoys. *Angers*, Barassé frères, 2e édition, 1847, in-12, br.

557. — Manuel de l'éducateur d'abeilles, par de Frarière. *Paris*, Dusacq, 1843, in-12, br.

558. — Notice sur la ruche à espacements et sa culture, par

Charles Soria. *Lons-le-Saulnier*, impr. de Frédéric Gauthier, 1845, in-8, br.

559. — La Ruche conservatrice, ou Réforme et perfectionnement de la culture des abeilles en Bresse, par de Vialet-Martignat. *Bourg-en-Bresse*, impr. de Milliet-Bottier, 1848, brochure in-12.

560. — Mémoire sur l'éducation des abeilles, par Augustin Bernard. *Bourg-en-Bresse*, impr. de Milliet-Bottier, 1849, brochure in-8.

561. — Traité des magnaneries, par J. Charrel, professeur séricicole. *Paris*, Marc-Aurel, 1848, gr. in-8, br.

562. — Traité de la culture du mûrier, par J. Charrel, pépiniériste à Voreppe. *Grenoble*, Férary, 1840, in-8, br.

563. — De la culture du mûrier, par MM. Boyer et De Labaume. *Nîmes*, impr. de Durand-Belle, 1847, in-8, br.

564. — Comment on peut cultiver avec succès le mûrier, par de Chavannes de la Giraudière. *Paris*, librairie agricole, 1845, in-8, br.

565. — Études sur la muscardine, maladie des vers à soie, faites à la magnanerie expérimentale de Sainte-Tulle (Basses-Alpes), par F. E. Guérin-Méneville et Eugène Robert. *Marseille*, typ. Barlatier-Feissat, 1848, in-8, br.

566. — Écoliers et vers à soie, ou la Petite magnanerie du père Toussaint, par Louis Leclerc. *Paris*, madame veuve Bouchard-Huzard, 1850, in-12, br.

XI. *Chasse et Pêche.*

567. — La Vénerie de Jacques du Fouilloux. *Angers*, Charles Lebossé, 1844, in-4, br.

568. — Guide et hygiène des chasseurs, par M. le comte de Langel. *Paris*, Arthus Bertrand, in-8, br.

569. — De l'application de la nouvelle loi sur la police de la chasse, en ce qui regarde l'agriculture et la reproduction des animaux; par M. Gadebled. *Évreux*, typ. de J. Ancelle, 1845, in-8, br.

570. — Manuels-Roret. — Nouveau manuel complet de l'oiseleur, ou Secrets anciens et modernes de la chasse aux oiseaux, par M. J. J. G......, amateur. *Paris*, Roret, in-18, br.

571. — Essai sur l'éducation des animaux, le chien pris pour type, par M. Adrien Léonard. *Lille*, impr. de Leleux, 1842, in-8, br.

572. — Pathologie canine, ou Traité des maladies des chiens, par M. Delabère-Blaine. *Paris*, Raynal, 1828, in-8, br.

573. — Le Chasseur-médecin, ou Traité complet sur les maladies du chien, traduit de l'anglais de Francis Clater. *Paris*, Mathias, 2e édition, 1836, in-18, br.

574. — Histoire du chien chez tous les peuples du monde, par Elzéar Blaze. *Paris*, Tresse, 1843, in-8, br.

575. — Le Chasseur taupier, ou l'Art de prendre les taupes par des moyens sûrs et faciles; par M. Rédarès. *Paris*, Raynal, 1835, in-12, br.

— Le même, nouvelle édition. *Paris*, Roret, 1850, in-12, br.

576. — Histoire d'un braconnier, ou Mémoires de la vie de L. Labruyerre, auteur des ruses du braconnage. *Paris*, Techener, 1844, in-8, br.

577. — Souvenirs de chasse, par Louis Viardot. *Paris*, Paulin, 1849, in-12, br.

578. — La Chassomanie, poëme par Deyeux. *Paris*, imprimeurs-unis, 1844, gr. in-8, orné de dessins, br.

579. — Le Pêcheur français, traité de la pêche à la ligne en eau douce, par C. Kresz aîné. *Paris*, Audot, 5e édition, 1847, in-12, br.

XII. *Industrie, Arts et Métiers, Subsistances.*

580. — Histoire abrégée des principales inventions et découvertes, par M. Roux-Ferrand. *Paris*, Hachette, 3e édition, 1834, in-18, br.

581. — Rapport du jury central sur les produits de l'industrie française exposés en 1844. *Paris*, impr. de Fain, 1844, in-8, br., 3 vol.

582. — Exposition des produits de l'agriculture et de l'industrie en 1849. Liste des récompenses. *Paris*, typ. Panckouke, 1849, in-8, br.

583. — Manuels-Roret. — Manuel de l'ingénieur civil, par MM. Schmitz, Jullien et Lorentz. *Paris*, Roret, 1845, 2 vol. in-18, et atlas de 28 pl. gr. in-8, br.

584. — Guide du sondeur, ou Traité théorique et pratique des sondages, par M. J. Degousée. *Paris*, Langlois et Leclercq, 1847, texte et atlas, in-8, br., 2 vol.

585. — Manuel de l'exploitation des mines, par M. J. F. Blanc, ingénieur civil. *Paris*, Roret, 1843-1844, in-18, br., 2 vol.

586. — L'Architecte régulateur, ou Tableaux alphabétiques des prix réglés de tous les ouvrages en bâtiment, par Le Bossu. *Paris*, Mathias, 5e édition, 1847, in-12, br.

587. — Traité de la coupe des pierres, par J. Adhémar. *Paris*, Carilian-Gœury, 3e édition, 1845, in-8, br., et atlas in-fol. de 60 planches, cartonné.

588. — Manuels-Roret. — Nouveau manuel complet du terrassier et de l'entrepreneur de terrassements, par MM. Ch. Étienne et Ad. Masson, ingénieurs civils. *Paris*, Roret, 1850, in-8, br.

589. — Manuels-Roret. — Nouveau manuel complet du maçon-plâtrier, du carreleur, du couvreur et du paveur, par M. Toussaint, architecte. *Paris*, Roret, 1841, in-18, br.

590. — Traité sur l'art de faire de bons mortiers et d'en bien diriger l'emploi, par le colonel Raucourt de Charleville. *Paris*, Malher et Ce, 2e édition, 1828, in-8, br.

591. — Manuels-Roret. — Nouveau manuel complet du constructeur en général et des agents-voyers, par Lagarde, ingénieur civil. *Paris*, Roret, 1849, in-18, br.

592. — Traité théorique et pratique sur l'art de projeter et de construire les routes; ouvrage complet, divisé en neuf parties, avec planches, par J. F. Aulard, conducteur embrigadé des ponts-et-chaussées. *Agen*, Achille Chairou, 1843, in-8, br.

593. — Remarques sur le service vicinal, et méthodes pour le tracé des voies de communication; par J. J. Bisson. *Blois*, Dézairs, 1847, brochure in-12.

594. — Télégraphie électrique, par MM. L. Bréguet fils et V. de Séré. *Paris*, L. Mathias, 1849, brochure in-8.

595. — Essai sur l'histoire abrégée de l'horlogerie, par L. Perron. *Paris*, Bachelier, 1834, in-8, br.

596. — Manuel d'horlogerie, par M. P. Foucher. *Bourges*, chez l'auteur, 1850, in-12, br.

597. — Nouveau manuel complet de l'horloger, par MM. Séb. Le Normand et Janvier. *Paris*, Roret. 1850, in-18, br.

598. — Manuel du sapeur-pompier, par le baron de Plazanet. *Paris*, Anselin, 1841, in-18, avec planches, br.

599. — Manuel du sapeur-pompier pour les campagnes, par le ch^er^ Paulin. *Paris*, Bachelier, 1842, in-18, avec planches, br.

600. — Essai sur la filature mécanique du lin et du chanvre, par Ch. Coquelin. *Paris*, Carilian jeune, 1840, in-8, br.

601. — Manuels-Roret. — Manuel du boulanger et du meunier, par MM. Benoît, Julia de Fontenelle et Malepeyre. *Paris*, Roret, 1846, in-18, rel., 2 vol.

602. — Manuels-Roret. — Nouveau manuel complet de la laiterie, par M. Thiébaut de Berneaud. *Paris*, Roret, 1842, in-18, br.

603. — De la Fabrication du fromage, par le docteur F^o^ Gera, de Conegliano. Traduit de l'italien, par V^or^ Rendu. *Paris*, Roret, 1843, in-8, br.

604. — Faits et observations sur la fabrication du sucre de betteraves, et sur la distillation des mélasses, par Mathieu de Dombasle. *Paris*, madame Huzard, 3e édition, 1831, in-12, br.

605. — Du Sucre et de sa fabrication, par A. Baudrimont. *Paris*, J. B. Baillière, 1841, in-8, br.

606. — Encyclopédie-Roret. — Manuel du limonadier, du glacier, du chocolatier et du confiseur. *Paris*, Roret, 1844, in-18, br.

607. — L'Art de brasser, par Godard. *Paris*, chez l'auteur, 1842, in-12, br.

608. — Traité théorique et pratique de la fabrication de la bière, par F. Rohart. *Paris*, librairie agricole, 1848, in-8, br., 2 vol.

609. — Art de blanchir et de nettoyer le linge par les procédés ordinaires et au moyen de la vapeur, par MM. Massonnet et Michel. *Paris*, madame Huzard, 2e édition, 1829, in-12, br.

610. — Manuels-Roret. — Nouveau manuel complet du fabricant de couleurs et de vernis, par MM. Riffault et Vergnaud. Nouvelle édition, entièrement refondue par M. Toussaint, de Sens. *Paris*, Roret, 1850, in-18, br.

611. — Manuels-Roret. — Nouveau manuel complet du chandelier, du cirier et du fabricant de cire à cacheter, par L. Séb. Le Normand. *Paris*, Roret, 1851, in-18, br.

612. — Manuel du fondeur de suif, par M. Benoist. *Rouen*, D. Brière, 1842, gr. in-18, avec planches, br.

613. — Manuels-Roret. — Nouveau manuel complet du fabricant et de l'amateur de tabac; ouvrage utile aux cultivateurs, aux fabricants et aux gens du monde, par P. Ch. Joubert. *Paris*, Roret, 1844, in-18, br.

614. — Menuiserie descriptive. — Nouveau vignole des menuisiers, ouvrage théorique et pratique, par A. G. Coulon. *Paris*, Carilian-Gœury, 2e édition, 1844, in-4, br., 2 vol.

615. — Manuels-Roret. — Nouveau manuel complet du menuisier, de l'ébéniste et du layetier, par M. Nosban, menuisier-ébéniste. *Paris*, Roret, 1843, in-18, br., 2 vol.

616. — Construction des escaliers en bois, par C. Boutereau. *Paris*, Roret, 1844, in-18, avec atlas in-8, br.

617. — Nouveau manuel du menuisier pour tracer et construire les escaliers, par Hubert. *Le Mans*, impr. de Monnoyer, 1845, in-fol. de 21 planches, br.

618. — Manuel complet du treillageur et du menuisier des jardins, par M. Paulin Désormeaux. *Paris*, Roret, 1836, in-18, br.

619. — Nouveau manuel complet du chaufournier, par M. Biston (Valentin), architecte. *Paris*, Roret, 1850, in-18, br.

620. — Manuels-Roret. — Nouveau manuel complet du porcelainier, du faïencier, du potier de terre, du briquetier et du tuilier, par M. Boyer, ancien fabricant. *Paris*, Roret, 1846, in-18, br., 2 vol.

621. — Manuels-Roret. — Nouveau manuel complet du chaudronnier, par MM. C. E. Jullien et Oscar Valerio, ingénieurs. *Paris*, Roret, 1846, in-18, br.

622. — Manuel du zingueur. *Paris*, 1850, impr. de Gustave Gratiot, in-18, br.

623. — Manuels-Roret. — Nouveau manuel complet du tonnelier et du boisselier, par M. Paulin Désormeaux. *Paris*, Roret, 1838, in-18, br.

624. — Encyclopédie Roret. — Manuel du cartonnier, du cartier et du fabricant de cartonnages, par M. Lebrun. *Paris*, Roret, in-18, br.

625. — Le parfait maréchal expert moderne, par M. Marcelicour. *Limoges*, 1846, in-12, br.

XIII. *Beaux-Arts.*

626. — Études céramiques; recherche des principes du beau dans l'architecture, l'art céramique et la forme en général; théorie de la coloration des reliefs; par J. Ziegler. *Paris*, Mathias, 1850, in-8, avec atlas de 14 planches in-fol., cart.

627. — Méthode graphique et géométrique, ou le dessin linéaire, par Thierry fils. *Paris*, Bachelier, 2e édition, 1846, in-4, oblong, br.

628. — Dessin linéaire appliqué à l'industrie, par J.-P. Thénot. *Paris*, Isidore Pesron, 1845, in-8, cart.

629. — Traité de perspective pratique pour dessiner d'après nature, par Thénot. *Paris*, Carilian-Gœury, 1843, gr. in-8 avec planches, br.

630. — De la perspective, par Simillien. *Paris*, Mathias, 1843, in-8, br.

631. — Manuel d'architecture, par M. Toussaint, de Sens. *Paris*, Roret, 1845, in-18, br., 2 vol.

632. — Manuel de l'architecte des monuments religieux, par J.-P. Schmit. *Paris*, Roret, 1845, in-18, et atlas oblong, br.

633. — Histoire de l'architecture en France, par Daniel Ramée. *Paris*, A. Franck, 1846, in-12, br.

634. — Manuel de l'histoire générale de l'architecture, par Daniel Ramée. *Paris*, Paulin, 1843, in-12, br., 2 vol.

635. — Iconographie chrétienne. — Histoire de Dieu, par M. Didron. *Paris*, impr. roy., 1843, in-4, cart.

636. — Instructions du comité historique des arts et monuments. Style roman et style gothique. *Paris*, impr. roy., 1840, in-4, br.

637. — Instructions du comité historique des arts et monuments. Monuments gaulois, romains, chrétiens. *Paris*, impr. roy., 1839, in-4, br.

638. — Archéologie. Statistique monumentale (spécimen). Rapport sur les monuments historiques, par E. Grille de Beuzelin. *Paris*, impr. de Crapelet, 1837, in-4, br.

639. — Résumé d'archéologie, par J. Fériel. *Langres*, Laurent fils, 1846, in-18, br.

640. — Manuel du mouleur en médailles, par M. J. B. Robert. *Paris*, Roret, 1843, in-18, br.

641. — Cours de musique vocale, ou recueil méthodique des leçons de J. B. Pastou. *Paris*, Kleffer, 1822, in-8, cart.

642. — Chants pour les enfants des salles d'asile, par madame Chevreau-Lemercier. *Paris*, Hachette, 1845, in-8, br.

643. — Manuel musical des écoles primaires, par Louis Feltz. *Paris*, Hachette, 1847, in-8, cart.

644. — Recueil de Cantiques, avec les airs notés en plain-chant, suivi d'exercices méthodiques sur le chant. *Coutances*, Tanquerey, 1841-1843, in-12, br., 2 vol.

645. — Manuel du chantre, par M. Gomant, curé de Pervenchères. *Paris*, Langlois et Leclercq, 3e édition, in-12, br.

XIV. *Arts divers, Jeux.*

646. — Physiologie du goût, par Brillat-Savarin. *Paris*, Charpentier, 1842, in-12, br.

647. — La grande cuisine simplifiée, par Robert. *Paris*, Audot, 1845, in-8, br.

648. — L'Écuyer tranchant, ou l'art de découper et de servir à table, par Bernardi. *Paris*, Gustave Barba, 1845, in-8, br.

649. — Manuels-Roret. — Nouveau manuel complet des nageurs, des baigneurs, des fabricants d'eaux minérales et des pédicures, par M. Julia de Fontenelle. *Paris*, Roret, 1848, in-18, br.

650. — Traité de la natation, où l'art de nager est démontré. Orné de planches. *Paris*, Desloges, 1846, opuscule in-24, br.

651. — Patinotechnie ou manuel du patineur, par A. P. Covilbeaux. *Paris*, Desloges, 1842, in-18, br.

652. — Manuel de gymnastique, par le colonel Amoros. *Paris*, Roret, 1831, in-18, avec atlas oblong, br., 2 vol.

653. — De la régénération physique de l'espèce humaine par la gymnastique rationnelle; par N. Dally. *Paris*, Paul Dupont, 1848, gr. in-8, br.

654. — Sténographie, ou l'art d'écrire aussi vite que parle un orateur, par M. Conen de Prépéan. *Paris*, Jombert, 4e édition, 1822, in-8, rel.

655. — Manuel de sténographie. *Paris*, Roret, 1844, in-18, br.

656. — Nouveau manuel complet de physique amusante, par M. Julia de Fontenelle. *Paris*, Roret, 1850, in-18, br.

657. — Amusements de la campagne, par L. Liger. *Paris*, chez Claude Prudhomme, 1734, in-12, rel., 2 vol.

658. — Le jeu des Eschets, traduit de l'italien de Gioachino Greco, calabrois. *Paris*, chez Jacques Le Febvre, 1713, in-18, rel.

659. — Traité élémentaire et complet du jeu d'échecs, par Jacques-François Mouret, petit-neveu de Philidor. *Paris*, Mme Lamotte, 1838, in-12, avec 200 planches, br.

BELLES-LETTRES.

—

I. *Grammaire*.

660. — Essai sur la formation et sur le développement du langage des hommes, par M. J. Azais. *Béziers*, impr. Domairon, 1845, in-8, br.

661. — Méthode pour étudier la langue grecque, adoptée par l'Université de France; par J. L. Burnouf. *Paris*, Aug. Delalain, 20e édition, 1832, in-8, br.

662. — Grammaire grecque de Burnouf. *Paris*, Delalain, 41e édition, 1844, in-8, br.

663. — Grammaire grecque et latine, par R. Cornut. *Paris*, Debécourt, 1843, in-12, br.

664. — Le Jardin des racines grecques mises en vers français; ouvrage composé par Claude Lancelot. Nouvelle édition, revue et corrigée par feu de Lestré, et nouvellement par M. Jannet. *Paris*, Madame Aumont, 1816, in-12, cart.

665. — Le Jardin des racines grecques, mises en vers français, par J. B. Gail. *Paris*, Jules Delalain, 1842, in-12, br.

666. — Lexique grec-français, par J. T. de Mourcin. *Paris*, Jules Delalain, 26e édition, 1844, in-8, br.

667. — Plutarque. — Vie d'Alexandre, expliquée en français par J. Geoffroy. *Paris*, Jules Delalain, 2e édition, 1843, in-12, br.

668. — Grammaire latine de Lhomond, par Constant Villemeureux. *Paris*, Madame veuve Maire-Nyon, 1832, in-12, cart.

— Le même, 8e édition, 1844, in-12, br.

669. — Grammaire latine de Burnouf. *Paris*, J. Delalain, 7e édition, 1844, in-8, br.

670. — Nouvelle grammaire de la langue latine, par M. Dutrey. *Paris*, Hachette, 6e édition, 1843, in-12, br.

671. — Grammaire raisonnée de la langue latine, par l'abbé Prompsault. *Paris*, G. Martin, 1844, in-8, br.

672. — Les racines de la langue latine mises en vers français, ouvrage classique publié par Fourmont et Duplan, nouvelle édition par M. Boinvilliers. *Paris*, Aug. Delalain, 1831, in-12, br.

673. — Dictionnaire français-latin, par A. de Wailly. *Paris*, Guyot et Scribe, 1832, gr. in-8, rel.

674. — Synonymes latins, par J. B. Gardin Dumesnil; nouvelle édition, avec des corrections et augmentations, par J. A. Auvray. *Paris*, J. Delalain, 1845, in-8, br.

675. — Nouveau cours complet et gradué de quatrième, par N. Dubois. *Paris*, Carle et Jager, 1844, in-12, br.

676. — Selectæ e profanis scriptoribus historiæ, par P. Roche. Texte grec. *Paris*, P. Dupont, 1842, in-12, br.

677. — De viris illustribus urbis Romæ a Romulo ad Augustum, auctore Lhomond, ad usum sextæ scholæ. Nova editio, cum notis gallicis et dictionario. *Parisiis*, A. Delalain, 1829, in-18, br.

678. — De viris illustribus Græciæ, ou Précis de l'histoire grecque à l'usage des classes élémentaires, par J. J. Courtaud-Diverneresse. *Paris*, Belin-Mandar, 3e édition, 1831, in-18, br.

679. — Éléments de la langue italienne, par L. Sforzosi. *Paris*, Truchy, 1843, in-18, br.

680. — Grammaire italienne, par G. Robello. *Paris*, Baudry, 4e édition, 1844, in-8, br.

681. — Grammaire complète de la langue espagnole, par M. B. Sotos Ochando. *Paris*, Langlois et Leclercq, 2e édition, 1841, in-12, br.

682. — Nouvelle grammaire française, sur un plan très-méthodique, par MM. Noël et Chapsal. *Paris*, Maire-Nyon, 24e édition, 1833, in-12, br.

683. — Méthode pour étudier la langue française, par A. Bonnaire, ouvrage rédigé sur le même plan que les deux méthodes de M. Burnouf. *Paris*, Hachette, 1846, in-8, br.

684. — Dictionnaire classique de la langue française, par Napoléon Landais. *Paris*, Didier, 3e édition, 1844, in-8 carré, br.

685. — Dictionnaire universel de la langue française, par C. M. Gattel. *Paris*, Pagnerre, 7e édition, 1844, in-4, br., 2 vol.

686. — Des variations du langage français depuis le XIIe siècle, par M. Génin. *Paris*, Firmin-Didot, 1845, in-8, br.

687. — Nouveau dictionnaire de poche français-allemand, par M. Zay. *Paris*, Thiériot, 7e édition, 1842, in-18, br.

688. — Sadler. — Grammaire pratique de la langue anglaise. *Paris*, J. H. Truchy, 5e édition, 1841, in-12, cart.

689. — Nouveau dictionnaire français-anglais, anglais-français, par Léon Smith. *Paris*, Hingray, in-24, br.

II. *Rhétorique*, *Éloquence*.

690. — Cours complet de rhétorique, par M. Amar. *Paris*, Aug. Delalain, 1822, in-8, rel.

691. — Philosophie de la langue française, ou nouvelle doctrine littéraire; Cours de rhétorique, par M. René Trédos. *Paris*, Hachette, 1841, in-8, br.

692. — Manuel classique pour l'étude des tropes, par M. Fontanier. *Paris*, Belin-Le-Prieur, 1821, in-12, rel.

693. — Abrégé du traité de littérature, par Em. Lefranc. *Paris*, Périsse frères, 7e édition, 1845, in-12, br.

694. — Choix de lectures de littérature et de morale, par M. l'abbé Daniel. *Paris*, Hachette, in-18, br.

695. — Choix de discours français, ou Conciones français, par M. Théry. *Paris*, Merlin, 1821, in-12, rel.

696. — Conciones sive orationes ex Sallustii, T. Livii, Taciti, et Q. Curtii historiis collectas, divisit capitibus, argumentis explicavit, notis que illustravit J. Naudet. *Paris*, J. Delalain, 1836, in-18, br.

697. — Démosthène. — Discours sur la couronne, traduit par M. Sommer. Texte grec et traduction. *Paris*, Hachette, 1842, in-12, br.

698. — Pline le Jeune. — Panégyrique de Trajan, traduction nouvelle par Burnouf. *Paris*, J. Delalain, 3e édition, in-12, br.

699. — Études sur les orateurs parlementaires, par Timon. *Paris*, Pagnerre, 4e édition, 1837, in-18, br.

— Le même, édition de la Nouvelle-Minerve. *Paris*, Perrotin, 1836, gr. in-8, br.

III. *Poésie.*

A. *Poésie ancienne.*

700. — Homère. — Iliade, texte grec complet, avec des notes françaises. *Paris*, Périsse frères, édition revue par M. E. Lefranc, 1843, in-12, br.

701. — L'Iliade d'Homère, texte grec, avec notes françaises. *Paris*, Périsse frères, 1843, in-12, rel.

702. — L'Iliade d'Homère, traduite en français par M. D***. *Paris*, Michel Brunet, 1709, in-12, rel., 2 vol.

703. — Œuvres complètes d'Hésiode, traduites en vers français, par Alph. Fresse-Montval. *Paris*, Langlois et Leclercq, 1843, in-12, br.

704. — Prosodie latine, ou Règles de la quantité et de la versification latines, par J. R. T. Cabaret-Dupaty. *Paris*, Hachette, 2e édition, 1828, in-12, br.

705. — Traité de versification latine, par L. Quicherat. *Paris*, L. Hachette, 10e édition, 1845, in-12, br.

706. — Publii Virgilii Maronis opera. *Parisiis*, apud Brocas, 1734, in-32, rel.

707. — Publii Virgilii Maronis opera. *Lyon*, Périsse frères, 1830, in-18, br.

708. — Publii Virgilii Maronis opera, cum notis gallicis, ad usum scholarum. *Parisiis*, A. Delalain, 1832, in-18, br.

709. — Publii Virgilii Maronis opera, avec notes par M. Alfred de Wailly. *Paris*, Dezobry, in-12, rel.

710. — Les Géorgiques, traduites en vers français, par J. Delille. *Paris*, Périsse frères, 1844, in-18, br.

711. — Œuvres complètes de Virgile, avec la traduction en français (de la collection publiée par M. Nisard). *Paris*, Dubochet, 1845, in-12, rel.

712. — Quintus Horatius Flaccus, ad usum scholarum. *Lugduni*, apud Perisse fratres, 1834, in-18, br.

713. — Horace, de la traduction de M. de Martignac. *Paris*, chez Jean Baptiste Coignard, 1684, in-12, rel., 2 vol.

714. — Œuvres complètes d'Horace, avec la traduction française (de la collection publiée par M. Nisard). *Paris*, Dubochet, 1845, in-12, rel.

715. — Phædri Augusti liberti fabularum libri quinque, cum notis gallicis. *Lugduni*, apud Perisse fratres, 1834, in-18, br.

716. — La Pharsale de Lucain, traduite par M. Naudet. *Paris*, Hachette, 4e édition, 1846, in-12, br.

B. *Poésie moderne.*

717. — La Divine comédie de Dante Alighieri, traduite en français, par M. le chevalier Artaud de Montor. *Paris*, Firmin Didot, 3e édition, 1846, in-12, rel.

718. — Le Paradis perdu, par Milton, traduit par de Pongerville. *Paris*, Charpentier, 1841, in-12, rel.

719. — Œuvres de M. Boileau Despréaux. *Paris*, chez Barthelemy Alix, 1735, in-12, rel., 2 vol.

720. — Œuvres de Boileau, avec notice par M. Amar. *Paris*, Firmin Didot, 1843, in-12, rel.

721. — Œuvres poétiques de Boileau Despréaux. *Paris*, Dezobry et Magdeleine, 1844, in-12, br.

722. — Fables de J. de La Fontaine, publiées par L. Aimé-Martin. *Paris*, Lefèvre, 1845, in-18, br.

723. — Aventures de Télémaque, par Fénelon. *Paris*, Belin-Leprieur, 1843, gr. in-18, br.

724. — Fables de Fénelon, avec des notes par M. L. C. Michel. *Paris*, Dezobry, 1845, in-18, br.

725. — Poésies de madame et de mademoiselle Deshoulières. *Paris*, chez Jean Villette, 1724, in-12, rel., 2 vol.

726. — Poésies d'André Chénier, précédées d'une notice par M. H. de Latouche. *Paris*, Charpentier, 1841, in-12, rel.

727. — Les Martyrs, par M. le vicomte de Châteaubriand. *Paris*, Firmin Didot, 1849, gr. in-18, br.

728. — Atala, René, les Abencerages, suivis du Voyage en Amérique, par M. le vicomte de Châteaubriand. *Paris*, Firmin Didot, 1847, gr. in-18, br.

729. — Œuvres poétiques de V. Campenon, de l'Académie française. *Paris*, Charpentier, 1844, in-12, rel.

730. — Poésies européennes, par Léon Halevy. *Paris*, Alex. Johanneau, 3e édition, 1833, in-8, br.

731. — Fables, par Léon Halévy. *Paris*, Gide, 1843, in-12, br.

732. — Fables, par le baron de Stassart, de l'Académie royale de Belgique. *Paris*, Paulin, 7e édition, 1847, in-12, br.

733. — Fables de J. C. F. Ladoucette. *Paris*, Arthus Bertrand, 2e édition, 1842, in-8, br.

734. — Les Plantes, poème, par Castel. *Paris*, Roret, nouvelle édition, in-18, br.

735. — Les Agrestes, poésies, par H. de Latouche. *Paris*, impr. Lange Lévy, 1845, in-12, br.

736. — Échos poétiques de l'âme chrétienne, par Théophile Baril. *La Rochelle*, impr. Mareschal, 1844, in-8, br., 2 vol.

737. — Soirées de Saint-François-Xavier, poésies populaires, par Claudius Hébrard. *Paris*, Waille, 1847, gr. in-18, br.

C. *Théâtre.*

738. — Comédies de Térence, traduites par M. Ferdinand Collet. *Paris*, Lefèvre, 1845, in-12, rel.
739. — Perse et Juvénal, avec la traduction française par Ferdinand Collet et Dusaulx. *Paris*, Lefèvre, 1845, in-12, rel.
740. — Chefs-d'œuvre de P. et de Th. Corneille. *Paris*, Pierre Didot, édition stéréotype, 1800, in-18, rel., 4 vol.
741. — Œuvres choisies de Corneille. *Paris*, Lehuby, 1846, gr. in-12, rel.
742. — Œuvres choisies de Racine. *Paris*, Lehuby, 1846, gr. in-12, rel.
743. — Les Œuvres de monsieur de Molière. *Paris*, chez Denys Thierry, 1697, in-12, rel., 8 vol.
744. — OEuvres de Molière, avec les notes de tous les commentateurs, publiées par L. Aimé-Martin. *Paris*, Lefèvre, 4e édition, 1845, in-12, rel., 4 vol.
745. — Théâtre de Regnard. *Paris*, Firmin Didot, 1843, in-12, rel.
746. — Les œuvres de théâtre de monsieur Néricault Destouches. *Paris*, chez François Breton, 1718, in-12, rel., 5 vol.
747. — Théâtre complet du comte Alfred de Vigny. *Paris*, Charpentier, 1841, in-12, rel.
748. — Études littéraires et dramatiques de Renard (Athanase). *Paris*, impr. de Guyot et Scribe, 1842, in-8, br.
749. — Théâtre complet de madame Ancelot. *Paris*, Beck, 1848, in-8, br., 4 vol.
750. — Le Citateur dramatique, par Léonard Gallois. *Paris*, Ledoyen, 5e édition, 1829, in-12, br.

IV. *Romans.*

A. *Romans français.*

751. — La Princesse de Clèves, par madame de Lafayette. *Paris*, impr. de Doyen, 1830, in-12, br.
752. — Histoire de Gil Blas de Santillane, par Le Sage. *Paris*, Dalibon et Ce, 1829, in-18, br., 5 vol.

753. — Choix de Bernardin de St-Pierre, Florian et Gessner. *Paris*, Firmin Didot, 1836, in-8, br.

754. — Œuvres de madame Cottin. *Paris*, Ledentu fils, 1844, in-12, rel., 2 vol.

755. — Notre-Dame de Paris, par Victor Hugo. *Paris*, Charpentier, 1841, in-12, rel., 2 vol.

756. — Contes de Charles Nodier. *Paris*, Charpentier, 1843, in-12, rel.

757. — Thomas Morus, lord chancelier du royaume d'Angleterre au XVIe siècle, par madame la princesse de Craon. *Paris*, Moutardier, 3e édition, 1834, in-8, br., 2 vol.

758. — Jehanne Thielemant, ou le Massacre de Vassy (1562), par Victor Boreau. *Paris*, Beauvais, 1836, in-8, br.

759. — Les Étudiants à Paris, scènes contemporaines, par Émile Renard. *Paris*, Allouard, 2e édition, 1841, in-8, br.

760. — Jérôme Paturot à la recherche d'une position sociale, par Louis Reybaud. *Paris*, Paulin, 1846, in-18, rel., 2 vol.

761. — Jérôme Paturot à la recherche de la meilleure des républiques, par Louis Reybaud. *Paris*, Michel Lévy, 1848, gr. in-18, rel., 4 vol.

762. — Nouvelles et seules véritables aventures de Tom Pouce, imitées de l'anglais, par P. J. Stahl. *Paris*, Hetzel, 1844, in-12, br.

B. *Romans étrangers.*

763. — Don Quichotte de la Manche, par Michel Cervantes, traduit par l'abbé Lejeune. *Paris*, Lehuby, 1845, in-12, br.

764. — Œuvres de Walter Scott, traduites par Defauconpret. *Paris*, Furne et Gosselin, 1839, in-8, rel., 30 vol.

765. — Œuvres de J. F. Cooper, traduites par Defauconpret. *Paris*, Furne et Gosselin, 1839-1844, in-8, rel., 27 vol.

766. — Simple histoire, par miss Inchbald, traduction nouvelle, par Léon de Wailly. *Paris*, Charpentier, 1842, in-12, rel.

767. — Nouvelles genevoises, par M. Topffer. *Paris*, Charpentier, 1844, in-12, rel.

768. — Nouvelles russes, par Nicolas Gogol, traduites par Louis Viardot. *Paris*, Paulin, 1845, in-12, rel.

769. — Le Robinson suisse, traduction nouvelle, par Pierre Blanchard. *Paris*, Lehuby, 1847, in-12, br.

770. — Le Robinson suisse, traduit de Wyss, par madame Élise Voïart. *Paris*, Didier, 6e édition, 1844, in-12, br., 2 vol.

C. *Récits et Lectures pour la jeunesse.*

771. — Simon de Nantua, ou le Marchand forain, par Laurent de Jussieu. *Paris*, Louis Colas, nouvelle édition, 1836, in-12, br.

772. — Conseils à ma fille, par J. N. Bouilly. *Paris*, Louis Janet, in-12, br., 2 vol.

773. — Contes et nouvelles, par Eugène Nyon. *Tours*, Pornin et Ce, 1844, in-12, rel., 3 vol.

774. — Luis et Rodrigo, ou l'Amitié aux prises avec l'ambition, par A. C. Leclerc. *Tours*, Pornin et Ce, 1843, in-12, br.

775. — Huit jours de pluie, par madame Th. Midy. *Tours*, Pornin et Ce, 1844, in-12, br.

776. — Une vertu par histoire, par madame Th. Midy. *Tours*, Pornin et Ce, 1844, in-12, br.

777. — Chaumières, par mademoiselle Dubois de Thainville. *Sens*, Thomas Malvin, 1838, in-18, rel.

778. — Valentine, ou l'Ascendant de la vertu, par mademoiselle Eulalie B.... *Paris*, Gaume frères, 1837, in-18, br.

779. — L'Ame exilée, légende, par Anna Marie. *Paris*, Delloye, 3e édition, 1837, in-12, br.

780. — L'Ame consolée, par mademoiselle A. Celliez. *Paris*, Delloye, 1838, in-18, br.

781. — La Foi, l'Espérance et la Charité. *Lille*, Lefort, 2e édition, 1845, in-12, br.

782. — Missions du Levant, d'Asie et de la Chine. *Lille*, Lefort, 1846, in-12, br.

783. — Vie de Saint-Vincent de Paul. *Lille*, Lefort, 1847, in-12, br.

784. — Histoire de Florence de Werquignœul, par l'abbé Parenty. *Lille*, Lefort, 1846, in-12, br.

785. — Marie, ou la Vertueuse ouvrière, par M. l'abbé Petit. *Lille*, Lefort, 2e édition, 1847, in-12, br.

786. — Les Amis de collége, ou Vice et Vertu, par madame Césarie Farrenc. *Lille*, Lefort, 1842, in-12, cart.

787. — Les Vacances, ou Lettres de quelques jeunes personnes. *Lille*, Lefort, 2e édition, 1846, in-18, br.

788. — Geneviève de Brabant, histoire touchante du vieux temps, traduite de l'allemand du chanoine Schmid. *Lille*, Lefort, 3e édition, 1845, in-18, br.

789. — Histoire de Joseph. *Lille*, Lefort, 2e édition, 1847, in-18, br.

790. — Histoire du Pontificat de Pie VII. *Lille*, Lefort, 1839, in-18, br.

791. — Le bon Pasteur, ou Monseigneur Denis-Auguste Affre, archevêque de Paris. *Lille*, Lefort, 2e édition, 1850, in-18, br.

792. — De la loi du travail, par Mgr Giraud, archevêque de Cambrai. *Lille*, Lefort, 1845, in-18, br.

793. — Vie du général Drouot. *Lille*, Lefort, 1848, in-18, br.

794. — Le libérateur de l'Irlande, ou vie de Daniel O'Connell. *Lille*, Lefort, 1848, in-18, br.

795. — Jérusalem, par Étienne-Charles de Ravensberg. *Lille*, Lefort, 1843, in-18, br.

796. — Dieu me voit. *Lille*, Lefort, 1844, in-18, br.

797. — L'honnête marchand. *Lille*, Lefort, 1846, in-18, br.

798. — Isidore, ou le fervent laboureur. *Lille*, Lefort, 1842, in-18, br.

799. — L'Artisan chrétien, ou vie du bon Henri, cordonnier. *Lille*, Lefort, 1843, in-18, br.

800. — Le petit Savoyard. *Lille*, Lefort, 1846, in-18. br.

801. — Le bon voisin. *Lille*, Lefort, 1849, in-18, br.

802. — Geneviève, ou la pauvre femme charitable. *Lille*, Lefort, 1848, in-18, br.

V. *Histoire littéraire*.

803. — Rapport historique sur les progrès de l'histoire et de la littérature ancienne depuis 1789, et sur leur état actuel, par M. Dacier, secrétaire perpétuel de la classe d'histoire et de lit-

térature ancienne de l'Institut. *Paris*, impr. imp., 1810, gr. in-8, br.

804. — Histoire de la littérature française, par D. Nisard. *Paris*, Firmin Didot, 1844-1849, in-8, br., 3 premiers vol.

805. — Histoire résumée de la littérature française, par M. Léon Halévy. *Paris*, Désirée Eymery, 2e édition, 1838, in-18, br., 2 vol.

806. — Précis de l'histoire de la littérature en France, par Henry Aigre. *Paris*, P. Dupont, 1835, in-18, br.

807. — Recherches sur les sources antiques de la littérature française, par Jules Berger de Xivrey. *Paris*, Crapelet, 1829, in-8, br.

808. — Les trois siècles de notre littérature, ou tableau de l'esprit de nos écrivains depuis François Ier jusqu'en 1772, par Sabatier de Castres. *Amsterdam*, 1772, in-8, cart., 3 vol.

HISTOIRE ET GÉOGRAPHIE.

—

I. *Histoire*.

A. *Histoire universelle*.

809. — Discours sur l'histoire universelle, par Bossuet. *Paris*, Dabo, stéréotype d'Herhan, 1819, in-18, rel., 6 vol.

810. — Introduction à l'histoire universelle, par M. Michelet. *Paris*, Hachette, 3e édition, 1843, in-8, br.

811. — Tableau chronologique de l'histoire universelle, par M. E. Lefranc. *Paris*, Jacques Lecoffre, 3e édition, 1845, in-12, br.

812. — Traits remarquables de l'histoire universelle, traduits de l'anglais de Stretch, par M. D'Auriol. *Paris*, Hachette, 1838, in-8, br.

813. — Éphémérides universelles. *Paris*, Corby, 1828-1833, in-8, br., 13 vol.

B. *Histoire ancienne.*

814. — Histoire ancienne, par J. Genouille. *Paris*, J. Delalain, 3e édition, 1844, in-12, br.

815. — Pausanias, ou Voyage historique de la Grèce, traduit en français par M. l'abbé Gedoyn. *Amsterdam*, 1733, in-12, rel., 4 vol.

816. — Voyage du jeune Anacharsis en Grèce, par J. J. Barthélemy. *Paris*, Lavigne, 1843, in-18, br., 2 vol.

817. — L'Histoire de Thucydide de la guerre du Péloponèse. *Paris*, Thomas Jolly, 1671, in-12, rel., 3 vol.

818. — Cornelius Nepos, Quinte-Curce, Justin, Valère Maxime, Julius Obsequens, avec la traduction en français; publiés sous la direction de M. Nisard. *Paris*, Dubochet, 1841, gr. in-8, rel.

819. — Vies des grands capitaines par Cornelius Nepos, avec la traduction en français, par M. Kermoysan. *Paris*, impr. de Firmin-Didot, 1841, gr. in-8, br.

820. — Quintus Curtius Rufus, de rebus gestis Alexandri magni. *Lugduni*, nova editio, apud Perisse fratres, 1832, in-18, br.

821. — Histoire romaine, par A. J. Meindre. *Paris*, Dezobry, 1848, in-12, br.

822. — Œuvres de Salluste, traduction française, avec le texte en regard, par V. Parisot. *Paris*, A. Poilleux, 1838, in-12, br., 2 vol.

823. — Cornelii Taciti opera, édition de Fr. Dübner. *Paris*, Périsse frères, 1843, in-12, br.

824. — Cornelius Nepos, de vitâ excellentium imperatorum. *Parisiis*, A. Delalain, 1832, in-18, br.

825. — Vies des Hommes illustres de Plutarque, traduction nouvelle par Alexis Pierron. *Paris*, Charpentier, 1845, in-12, br., 4 vol.

826. — C. J. Cæsaris de bello gallico et civili Commentaria, ad usum juventutis. *Lugduni*, apud Perisse fratres, 1834, in-18, br.

827. — Origines gauloises, celles des plus anciens peuples de l'Europe, par le citoyen La Tour d'Auvergne-Corret. *Paris*, Quillau, an V de la Rép., in-8, br.

C. *Histoire du moyen âge.*

828. — Histoire du Bas-Empire, par M. le comte de Ségur. *Paris*, Didier, 7e édition, 1843, in-12, br., 2 vol.

829. — Histoire des Croisades abrégée, par MM. Michaud et Poujoulat. *Paris*, Didier, 1844, in-12, rel.

830. — Histoire des Croisades, racontée à la jeunesse, par Auguste Gruson. *Paris*, Charles Warée, 1845, in-12, br.

831. — Abrégé de l'histoire des Croisades, par M. Valentin. *Paris*, Lavigne, 1837, in-12, br.

832. — Mémoires sur l'ancienne chevalerie, par M. de la Curne de Sainte-Palaye. *Paris*, chez Duchesne, 1759, in-12, rel., 2 vol.

833. — Histoire du seizième siècle, par M. Hippolyte Fortoul. *Paris*, 1838, in-18, cartonné.

D. *Histoire de France.*

834. — Histoire de France avant Clovis, par le sieur de Mezeray. *Amsterdam*, 1700, in-12, rel.

835. — Abrégé chronologique de l'Histoire de France, par le sieur de Mezeray. *Amsterdam*, chez Antoine Schelte, 1700, in-12, rel., 6 vol.

836. — Histoire de France, par Anquetil, continuée jusqu'à 1830 par Léonard Gallois. *Paris*, 1843, gr. in-8, br., 4 vol.

837. — Histoire de France depuis les temps les plus reculés jusqu'en 1789, par M. Henri Martin. *Paris*, Furne et Cie, 1844-1847, in-8, br., 15 premiers vol.

838. — Histoire des Français, par Théophile Lavallée. *Paris*, Paulin et Hetzel, 1838-1841, in-8, rel., 4 vol.

839. — Éléments de l'histoire de France, depuis Clovis jusqu'à Louis XV, par l'abbé Millot. *Paris*, Durand, 1774, in-12, rel., 3 vol.

840. — Analyse raisonnée de l'histoire de France, par M. le vicomte de Chateaubriand. *Paris*, Firmin Didot, 1845, in-12, br.

841. — Manuel de l'histoire de France, par Achmet d'Héricourt. *Paris*, Roret, 1846, in-8, rel., 2 vol.

842. — Lettres à mes enfants sur l'histoire de France, par Roux-Ferrand. *Paris*, Hachette, 1835, in-18, br.

843. — Tableau de l'histoire de France, depuis le commencement de la monarchie jusqu'à la fin du règne de Louis XIV. *Paris*, Lottin le Jeune, 1769, in-12, rel., 2 vol.

844. — Histoire des États-Généraux et des Institutions représentatives en France, depuis l'origine de la monarchie jusqu'en 1789, par A. C. Thibaudeau. *Paris*, Paulin, 1843, in-8, rel., 2 vol.

845. — Histoire de Louis XII, par M. Varillas. *Paris*, chez Claude Barbin, 1688, in-12, rel., 6 vol.

846. — L'esprit de la Ligue, ou Histoire politique des troubles de France pendant les XVIe et XVIIe siècles. *Paris*, chez Herissant, 1767, in-12, rel., 3 vol.

847. — Histoire du roi Henri-le-Grand, par messire Hardouin de Perefixe. *Paris*, Durand, 1776, in-12, rel.

848. — Le siècle de Louis XIV, publié par M. de Francheville. *Berlin*, chez Henning, 1752, in-12, rel., 2 vol.

849. — Histoire de la Vendée militaire, par J. Crétineau-Joly. *Paris*, Charles Gosselin, 2e édition, 1843, in-12, rel., 4 vol.

850. — Itinéraire général de Napoléon, chronologie du Consulat et de l'Empire, par A. M. Perrot. *Paris*, Bistor, 1845, in-8, et atlas in-fol., br.

851. — L'Empereur et la Garde impériale, par Charlet. *Paris*, chez l'auteur, gr. in-fol., planches coloriées, 7 premières livraisons, br.

852. — Histoire des traités de 1815, par J. Crétineau-Joly. *Paris*, Colomb de Batines, 1842, in-8, br.

853. — Histoire de la Restauration, par M. Capefigue. *Paris*, Charpentier, 3e édition, 1842, in-12, rel., 4 vol.

854. — Histoire de la Restauration, par Émile Renard. *Paris*, Allouard, 1842, in-8, br.

855. — Histoire de la marine française, par Eugène Sue. *Paris*, impr. de Béthune et Plon, 1845, in-12, rel., 4 vol.

856. — Histoire maritime de France, par Léon Guérin. *Paris*, Abel Ledoux, 1843, gr. in-8, br., 2 vol.

E. *Histoire des pays étrangers.*

857. — Histoire abrégée d'Angleterre, par M. Ém. Lefranc. *Paris*, Périsse frères, 2e édition, 1844, in-12, br.

858. — Précis d'histoire d'Angleterre, d'Écosse et d'Irlande, par P. Roland. *Paris*, Firmin Didot, 1844, in-12, rel.

859. — Histoire des Suisses, par M. J. J. Dubochet, avocat. *Paris*, Raymond, 1825, in-12, br.

860. — Chronique d'Einsidlen (Notre-Dame-des-Ermites), par Joseph Régnier. *Paris*, Gauthier frères, 1837, in-8, rel.

861. — Histoire des révolutions de Suède et de Portugal, par Vertot. *Paris*, impr. de Marchand Du Breuil, 1830, in-24, rel., 2 vol.

862. — Histoire de Charles XII, roi de Suède, par M. de Voltaire. *Genève*, chez Cramer, 1766, in-12, rel.

863. — Histoire de Thamas Kouli-Kan, roi de Perse. *Paris*, Briasson, 1758, in-12, rel.

864. — Histoire du Japon, par le Père de Charlevoix, de la compagnie de Jésus. *Paris*, Rollin, 1754, in-12, rel., 6 vol.

865. — Histoire du Paraguay, par mademoiselle A. Celliez. *Paris*, Gaume frères, 1841, in-18, br., 2 vol.

II. *Géographie et Voyages.*

A. *Éléments de Géographie.*

866. — Géographie enseignée en 36 leçons, par V. Monin. *Paris*, Duménil, 3e édition, 1836, in-12, br.

867. — Géographie des commençants, par Le Tellier. *Paris*, Belin-Leprieur et Morizot, 44e édition, 1846, in-12, cart.

868. — Précis de Géographie historique et universelle, par Charles Barberet et Alfred Magin. *Paris*, Dezobry, 1841, in-8, rel., 2 vol.

869. — Nouvelle Géographie méthodique, par MM. Achille Meissas et Aug. Michelot. *Paris*, Hachette, 29e édition, 1849, in-12, cart.

870. — Cours méthodique de Géographie, par H. Chauchard et A. Müntz. *Paris*, Dubochet, 1839, gr. in-8, rel.

871. — Éléments de Géographie ancienne, par E. Cortambert. *Paris*, Ch. Picquet, 1835, in-12, br.

872. — Petit cours de Géographie moderne, par E. Cortambert. *Paris*, Hachette, 2e édition, 1846, in-12, br.

873. — Géographie descriptive et historique de l'Europe, par Maltebrun. *Paris*, Baudouin, 1835, in-8, rel., 2 vol.

B. *Description de la France.*

874. — Patria, la France ancienne et moderne, morale et matérielle. *Paris*, Dubochet, 1847, in-12, br., 2 vol.

875. — Géographie départementale, classique et administrative de la France, publiée sous la direction de MM. Badin et Quantin. *Paris*, Dubochet, 1847, in-12, br., 15 premiers vol.:

Aisne,
Ardennes,
Aube,
Cher,
Côte-d'Or,
Eure-et-Loir,
Indre,
Loiret,
Marne,
Marne (Haute-),
Nièvre,
Oise,
Saône-et-Loire,
Seine-et-Marne,
Seine-et-Oise.

876. — Nouvel itinéraire portatif de France, par de Simencourt. *Paris*, Langlois fils, 3e édition, 1830, in-18, br.

877. — Dictionnaire général des communes de France, contenant la nomenclature de toutes les communes et la distance légale de chacune au chef-lieu judiciaire; par Victor Dépaux. *Paris*, Cosse et Delamotte, 1846, in-4, br.

878. — Dictionnaire général des communes de France. *Paris*, 3e édition, in-8, br.

879. — Nouvelle carte de la République française, d'après Cassini, par A. Donnet. *Paris*, H. Langlois, éditeur. — Boîte renfermant 26 feuilles collées sur toile.

880. — Almanach Bottin, du commerce de Paris, des départements de la France, etc. *Paris*, 1845, gr. in-8, br.

881. — Toutes les Foires de la France, par S. Bottin. *Paris*, in-8, br.

882. — Almanach royal et national pour l'année 1846. *Paris*, Guyot et Scribe, 1846, in-8, rel.

883. — État général de la Marine et des Colonies. *Paris*, impr. nat., avril 1850, in-8, br.

884. — Annuaire militaire de France pour l'année 1846. *Paris*, P. Bertrand, 1846, in-12, rel.

885. — Almanach de l'Université de France. *Paris*, Hachette, 1847, in-8, br.

886. — Annuaire des Postes pour 1849, ou manuel du service de la poste aux lettres, à l'usage du commerce et des voyageurs, par L. Sagansan. *Paris*, à l'hôtel des Postes, 1849, in-8, br.

C. *Histoire et description des villes et provinces.*

887. — Histoire des villes de France, avec une introduction générale pour chaque province, par M. Aristide Guilbert. *Paris*, Furne, 1845-1849, gr. in-8, avec gravures, br., 6 vol.

888. — Essais historiques sur Paris, par M. de Saintfoix. *Londres*, 1754, in-12, rel.

889. — Notice historique sur la paroisse Saint-Étienne-du-Mont, par MM. l'abbé Faudet et de Mas-Lastrie. *Paris*, 1840, in-12, br.

890. — Histoire de Saint-Germain-l'Auxerrois, par Ch. Lefeuve. *Paris*, Debécourt, 1843, in-18, br.

891. — Les Églises de Paris. *Paris*, 1843, gr. in-8, rel.

892. — Résumé de l'histoire de la Champagne, depuis les premiers temps de la Gaule jusqu'à nos jours, par M. F. de Montrol. *Paris*, Lecointe et Durey, 1826, in-18, rel.

893. — Les Chroniques de l'évêché de Langres, du P. Jacques Vignier, traduites du latin, continuées jusqu'en 1792, et annotées, par Émile Jolibois. *Chaumont*, Veuve Miot, 1843, in-8, br.

894. — Abrégé chronologique de l'histoire des évêques de Langres, par M. l'abbé Mathieu. *Langres*, Laurent fils, 2e édition, 1844, in-8, br.

895. — Précis de l'histoire de Langres, par S. Migneret, avocat. *Langres*, Dejussieu, 1835, gr. in-8, br.

896. — Recherches historiques et statistiques sur les principales communes de l'arrondissement de Langres. *Langres*, Sommier, 1836, in-8, br.

897. — Lettre à M. Hase, sur une inscription latine du IIe siècle, trouvée à Bourbonne-les-Bains en 1833; par Jules Berger de Xivrey. *Paris*, Aimé André, 1833, in-8, br.

898. — Histoire de Châtillon, par Gustave Lapérouse. *Châtillon-sur-Seine*, Cornillac, 1837, in-8, br., 2 vol.

899. — Notice des principaux monuments de la ville de Troyes, par F. M. Doe. *Troyes*, Laloy, 1838, in-18, br.

900. — Guide du voyageur et de l'amateur à Dijon, par J. B. Noellat. *Dijon*, Bonnefond-Dumoulin, 1829, in-18, br.

901. — Nouveau guide pittoresque du voyageur à Dijon, par Goussard. *Dijon*, Décailly, 1845, in-18, br.

902. — Besançon, description historique des monuments et établissements publics de cette ville, par Alex. Guenard, bibliothécaire-adjoint. *Besançon*, Bintot, 1843, in-18, br.

903. — Nouveaux souvenirs de voyage, Franche-Comté, par X. Marmier. *Paris*, Charpentier, 1845, in-12, br. — 2 exemplaires.

904. — Annuaire administratif, statistique et commercial du département de l'Aube pour 1847. *Troyes*, Bouquot, in-18, br. — 2 exemplaires.

905. — Annuaire du département de la Côte-d'Or pour l'année 1849. *Dijon*, Douiller, in-24, br.

906. — Annuaire départemental du Doubs pour 1844, par Paul Laurens. *Besançon*, impr. de Sainte-Agathe, 1843, in-8, br.

907. — Annuaire du département du Jura pour l'année 1846, par M. Désiré Monnier. *Lons-le-Saunier*, impr. de Frédéric Gauthier, 1846, in-12, br.

908. — Annuaire du département de la Marne pour l'année 1846. *Châlons*, Boniez-Lambert, in-12, br.

909. — Annuaire du département de la Haute-Marne pour l'année 1846. *Chaumont*, impr. de Miot, 1846, in-8, br.

910. — Annuaire du département de la Meurthe, année 1847. *Nancy*, Grimblot, in-12, br.

911. — Annuaire du département de la Meuse pour 1844, par M. Servais fils. *Bar-le-Duc*, impr. de Laguerre, in-18, br.

912. — Annuaire de la Moselle pour 1847, par Verronnais. *Metz*, impr. de Verronnais, in-12, br.

913. — Almanach général de la Nièvre pour 1847. *Nevers*, Bégat, in-18, br.

914. — Haut-Rhin, par P. A. Dufau. *Paris*, Verdière, 1834, in-8, br.

915. — Annuaire statistique, historique et administratif du département du Bas-Rhin. *Strasbourg*, veuve Levrault, années 1846 et 1847, in-12, br., 2 vol.

916. — Annuaire du département de la Haute-Saône, par Suchaux. *Vesoul*, impr. de Suchaux, 1842, in-8, br.

917. — Annuaire statistique et administratif des Vosges pour 1847, par M. Ch. Charton. *Épinal*, Gley, in-12, br.

918. — Annuaire statistique du département de l'Yonne. *Auxerre*, Ed. Perriquet, 1847, in-8, br.

D. *Voyages.*

919. — Collection choisie de voyages autour du monde, depuis Christophe Colomb jusqu'à nos jours. *Paris*, impr. de Paul Renouard, 1841, in-8, rel., 12 vol.

920. — Histoire des naufrages, nouvelle édition, d'après celle de M. Eyriès. *Paris*, Louis Tenré, 1836, in-12, rel., 3 vol.

921. — Le Voyageur de la jeunesse dans les quatre parties du monde, par Pierre Blanchard. *Paris*, Le Prieur, 5e édition, 1818, in-12, br., 6 vol.

922. — Aventures les plus curieuses des voyageurs, coup-d'œil autour du monde, par M. Hombron. *Paris*, Belin-Leprieur et Morizot, 1847, gr. in-8, br., 2 vol.

923. — Itinéraire de Paris à Jérusalem, par M. le vicomte de Châteaubriand, précédé de notes sur la Grèce et suivi des voyages en Italie et en France. *Paris*, Firmin Didot, 1850, gr. in-18, br., 2 vol.

924. — La Grèce ancienne et moderne, par madame Balthasard de la Ferrière. *Tours*, Pornin et Ce, 1845, in-8, br.

925. — Les Délices de la Grand'Bretagne et de l'Irlande, par James Beeverell. *Leide*, chez Pierre Vander Aa, 1707, in-12, rel., 9 vol.

926. — Nouvel itinéraire portatif de l'Italie, par Perrot. *Paris*, Langlois fils, 1830, in-18, br.

927. — Le Léman, ou Voyage à Genève et autres villes de la Suisse, par M. Bailly de Lalonde. *Paris*, Dentu, 1842, in-8, br., 2 vol.

928. — Nouvel itinéraire portatif de Suisse, d'après Ebel. *Paris*, Langlois fils, 1830, in-18, br.

929. — Lettres sur l'Islande, par M. X. Marmier. *Paris*, Félix Bonnaire, 1837, in-8, br.

930. — La Pologne illustrée, par Léonard Chodzko. *Paris*, impr. Claye et Taillefer, 6e édition, 1846-1847, gr. in-8, br.

931. — Voyage du capitaine Hiram Cox dans l'empire des Birmans, par A. P. Chalons d'Argé. *Paris*, Arthus Bertrand, 2e édition, 1841, in-8, br., 2 vol.

932. — Voyage dans l'Afrique occidentale, par A. Raffenel. *Paris*, Arthus Bertrand, 1846, gr. in-8, et atlas in-4, rel.

933. — Voyage dans l'Afrique australe, exécuté de 1838 à 1844, par M. Adulphe Delegorgue. *Paris*, A. René et Ce, gr. in-8, br., 2 vol.

934. — Histoire de la découverte de l'Amérique, traduite de l'allemand de J. H. Campe, par Charles Saint-Maurice. *Paris*, Lavigne, 1845, in-8, br.

935. — Essai sur la Nouvelle-Zélande, par M. J. Dumont

d'Urville, capitaine de vaisseau. *Paris*, J. Tastu, 1834, gr. in-8, rel.

III. *Biographie et Mémoires, Mélanges.*

936. —Biographie portative universelle. *Paris*, Dubochet, 1844, in-12, br.

937. —Dictionnaire historique portatif, par M. l'abbé Ladvocat. *Paris*, Didot, 1752, in-12, rel., 2 vol.

938. —Les vies des plus illustres philosophes de l'antiquité, avec leurs dogmes, leurs systèmes, leur morale et leurs sentences les plus remarquables; traduites du grec de Diogène Laërce. *Paris* Lefèvre, 1841, in-12, rel.

939. —Le Plutarque de la jeunesse, ou Abrégé des vies des plus grands hommes de toutes les nations, par Pierre Blanchard. *Paris*, Belin Le Prieur, 8e édition, 1832, in-12, br., 4 vol.

940. —Vies des grands capitaines français du moyen âge, par M. Alexandre Mazas. *Paris*, Jacques Lecoffre et Ce, 3e édition, 1845, in-8, rel., 5 vol.

941. —Souvenirs historiques, ou Leçons d'histoire, par J. F. Daniel, avocat. *Rennes*, mademoiselle Jaussions, 1826, in-18., br.

942. —Annuaire historique, publié par la société de l'Histoire de France. *Paris*, Jules Renouard, 1837-1844, in-18, br., 8 vol.

943. —Explication de la fable par l'histoire et les hyérogliphes, par Lionnois. *Paris*, Barrau, 1804, in-18, rel., 2 vol.

944. —Manuel de mythologie, par N. A. Dubois. *Paris*, Roret, 1844, in-18, br.

945. —Histoire du maréchal de Boucicaut. *Paris*, veuve Charles Coignard, 1697, in-12, rel.

946. —Notice sur Jeanne d'Arc, surnommée la Pucelle d'Orléans, par MM. Michaud et Poujoulat. *Paris*, Beauvais, 1837, in-8, br.

947. —Christophe Colomb, par mademoiselle A. Celliez. *Paris*, Gaume frères, 1840, in-18, br., 2 vol.

948. — Mémoires de Sully, principal ministre de Henri-le-Grand. *Londres*, 1745, in-12, rel., 8 vol.

949. — Mémoires pour servir à l'histoire d'Anne d'Autriche, épouse de Louis XIII, roi de France, par madame de Motteville. *Amsterdam*, chez François Changuion, 1723, in-12, rel., 5 vol.

950. — Histoire du vicomte de Turenne, par l'abbé Raguenet. *Paris*, Denys Mouchet, 1741, in-12, rel., 2 vol.

951. — Vie de M. le marquis de Fabert, maréchal de France, par le P. Barre. *Paris*, Herissant, 1752, in-12, rel., 2 vol.

952. — Histoire de la vie et des ouvrages du chancelier d'Aguesseau, par M. A. Boullée, ancien magistrat. *Paris*, Langlois et Leclercq, nouvelle édition, in-12, br.

953. — Histoire de Maurice de Saxe. *Mittaw*, 1752, in-12, rel., 3 vol.

954. — Thadée Kosciuszko dans sa vie politique et intime, par M. Charles Falkenstein; traduit de l'allemand par M. Charles Forster. *Paris*, Firmin Didot, 1839, in-8, br.

955. — Histoire de Lazare Hoche, par Henri Dourille. *Paris*, Prévost-Rouanet, 1844, in-12, br.

956. — Napoléon et Marie-Louise, souvenirs historiques de M. le baron de Meneval, ancien secrétaire du portefeuille de Napoléon. *Paris*, Amyot, 2e édition, 1845, in-12, rel., 3 vol.

957. — Récits de la captivité de l'Empereur Napoléon à Sainte-Hélène, par le général Montholon, compagnon de sa captivité et son premier exécuteur testamentaire. *Paris*, Paulin, 1847, in-8, br., 2 vol.

958. — Souvenirs d'un sexagénaire, par A. V. Arnault, de l'Académie française. *Paris*, Dufey, 1833, in-8, rel, 4 vol.

Supplément.

Durant l'impression du présent Catalogue, la Bibliothèque de Laferté a reçu les trois ouvrages suivants :

1° Le Moniteur agricole, journal d'agriculture, d'hygiène vétérinaire et de jardinage, publié par une réunion de cultivateurs et de vétérinaires sous la direction de M. Magne. *Paris*, comptoir des imprimeurs-unis, années 1848, 1849 et 1850, in-8, br., 3 vol. ;

2° Documents recueillis par la commission d'enquête législative sur l'impôt des boissons, ordonnée par la loi du 20 décembre 1849. (Impr. de l'Assemblée Nationale, 1851, in-4, br., 2 vol.) ;

3° Rapport fait au nom de cette commission par M. Bocher, représentant du peuple (brochure in-4.).

TABLE DES MATIÈRES.

THÉOLOGIE.

Pag.

I. Écriture Sainte, preuves du Christianisme, Morale religieuse. 1
II. Histoire de la Religion. 4

JURISPRUDENCE.

I. Droit ancien. 5
II. Droit civil, commercial et pénal. 6
III. Droit ecclésiastique, public et administratif. 8
IV. Droit rural et forestier. 10

SCIENCES ET ARTS.

I. Encyclopédies et Manuels d'enseignement. 12
II. Philosophie, Morale. 13
III. Politique, Économie sociale. 14
IV. Instruction publique, Éducation. 16
V. Sciences mathématiques. 17
VI. Physique, Chimie, Géologie. 19
VII. Histoire naturelle de l'homme, Hygiène, Médecine. . . 20
VIII. Histoire naturelle des animaux. 25
IX. Botanique. 26
X. Agriculture. . . . .
A. Préceptes généraux et Traités d'agriculture, Économie rurale, Agriculture locale. 27
B. Engrais, Amendements. 32
C. Irrigations, Desséchements, Prairies. 33

Pag.
D. Comptabilité rurale, Assurances 34
E. Sylviculture, Défrichements. 35
F. Vignes, Vins. 36
G. Horticulture. 38
H. Animaux domestiques, espèces bovine, ovine, etc. 41
I. Haras, Hippiatrique, Équitation. 43
J. Abeilles, Vers à soie. 44
XI. Chasse et Pêche. 45
XII. Industrie, Arts et Métiers, Subsistances. 46
XIII. Beaux-Arts. 50
XIV. Arts divers, Jeux. 51

BELLES-LETTRES.

I. Grammaire. 52
II. Rhétorique, Éloquence. 54
III. Poésie.
A. Poésie ancienne. 55
B. Poésie moderne. 56
C. Théâtre. 58
IV. Romans.
A. Romans français. . . . . *ib.*
B. Romans étrangers. 59
C. Récits et Lectures pour la jeunessse. 60
V. Histoire littéraire. 61

HISTOIRE ET GÉOGRAPHIE.

I. Histoire.
A. Histoire universelle. 62
B. Histoire ancienne. 63
C. Histoire du moyen âge. 64
D. Histoire de France. . . . . *ib.*
E. Histoire des pays étrangers. 66
II. Géographie et Voyages.
A. Éléments de Géographie. . . . . *ib.*
B. Description de la France. 67
C. Histoire et description des villes et provinces. . . . 68
D. Voyages. 70
III. Biographie et Mémoires, Mélanges. 72

TABLE DES AUTEURS.

A.

Achmet d'Héricourt. 65.
Adanson. 29.
Adhémar. 47.
Affre (Mgr.). 8.
Aigre. 62.
Aimé. 12.
Aimé-Martin. 13, 57, 58.
Ajasson de Grandsagne. 26.
Albret (d'). 39.
Alletz. 13.
Amar. 54, 57.
Amoros. 52.
Amyot. 13.
Ancelot, 58.
André. 32.
André-Michaux. 37.
Andrieux de Brioude. 12.
Andry. 22, 23.
Anquetil. 64.
Arago. 18.
Arnauld. 13.
Arnault. 73.
Artaud de Montor. 56.
Astier. 22.
Astruc. 21.
Aubuisson de Voisins (d'). 18.
Augustin (S.). 4.
Aulard. 47.
Auriol (d'). 63.
Auvergne (d'). 44.
Auvray. 53.
Azais. 52.

B.

Bacqua. 6.
Badin. 67.
Bailly de Lalonde. 71.
Balthasard de la Ferrière. 71.
Bannerot. 10.
Barberet. 67.
Baril. 57.
Barral. 33.
Barras. 22.
Barrau. 16, 29.
Barre. 73.
Barse. 25.
Barthélemy. 63.
Barthélemy St.-Hilaire. 15.
Batilliat. 37.
Baucher. 44.
Baudet. 12.
Baudrimont. 48.
Bausset (Le cardinal de). 5.
Bautain. 3, 14.
Bautier. 26.
Bayard. 24.
Bazelaire (de). 5, 35.
Beaulieux. 34.
Beaumont (de). 16.
Beauterne (de). 4.
Beauvallet. 31.
Bec (de). 36.
Becquerel. 21, 33.
Becverell. 71.
Benoist. 49.
Benoit. 48.

Bentz. 29.
Berger de Xivrey. 62, 69.
Bergier. 2.
Bernard. 45.
Bernardi. 51.
Bernardin de Saint-Pierre. 59.
Bernoulli. 18.
Berriat-St.-Prix. 11.
Bésuchet de Saunois. 22.
Beudant. 20.
Bigeon. 24.
Bisson. 47.
Biston. 49.
Bixio. 27.
Blanc. 47.
Blanchard. 60, 71, 72.
Blanqui. 15.
Blaze. 46.
Blondlot. 21.
Bobierre. 32.
Boigne (de). 43.
Boileau. 57.
Boinvilliers. 53.
Boitard. 38.
Bonaparte (N.-L.). 15.
Bonjean. 39.
Bonnaire. 54.
Bonnatier. 35.
Bonnet. 17.
Bonneval (de). 28.
Bonnin. 7, 12.
Boreau. 4, 59.
Bossin. 40.
Bossu. 20.
Bossuet. 3, 62.
Bottin. 68.
Bouchardat. 12, 19, 22.
Bouchut. 21.
Bouhours. 4.
Bouilly. 60.
Boulanger. 1.
Boullée. 73.
Bourdaloue. 3.
Bourdon. 21.
Boussingault. 30.
Boutereau. 18, 49.
Bouvart. 35.
Boyard. 11.
Boyer. 45, 49.
Bréguet. 47.
Breton. 35.
Brillat-Savarin. 51.
Brivet. 44.
Brun. 9.
Brongniart. 26.
Bujault. 28.
Burnouf. 13, 52, 53, 55.

C.

Cabaret-Dupaty. 56.
Caboche Demerville. 26.
Cadet-Gassicourt. 21.
Caffin d'Orsigny. 27.
Calpin. 4.
Campe. 71.
Campenon. 57.
Capefigue. 65.
Capper. 36.
Cardini. 43.
Caron. 7.
Castandet. 43.
Castel. 57.
Caton. 27.
Celliez. 60, 66, 72.
Celnart. 21.
Cerfberr. 16.
Cervantes. 59.
César. 64.
Chabert. 42.
Chabrol-Chaméane. 6, 8.
Chailly. 21.
Chalons d'Argé. 71.
Chambray (de). 39.
Champagny (de). 9.
Championnière. 11.
Chantal (de). 14.
Chapsal. 54.
Chaptal. 30, 37.
Charlevoix. 66.
Charlet. 65.
Charrel. 45.
Charton. 70.
Châteaubriand. 3, 57, 65, 71.
Chauchard. 67.
Chavannes de la Giraudière. 45.
Chénier (André). 57.
Chevreau-Lemercier. 51.
Chodzko. 71.
Choquet. 18.
Chrétien. 29.
Cicéron. 13.
Cirodde. 17.
Cival. 6.
Claparède. 6.
Clater. 46.
Clerc. 7.
Cocaigne. 9.
Cochin. 17.
Colas de Sourdun. 23.
Collet. 58.
Collignon. 16.

Collignon d'Ancy. 37.
Colomb. 70.
Colson. 23.
Columelle. 27.
Combles (de). 38.
Condillac. 13.
Conen de Prépéan. 52.
Cooper. 59.
Coquelin. 48.
Corneille. 58.
Cornelius Nepos. 63.
Cornut. 53.
Cortambert. 67.
Cottin. 59.
Coulon. 49.
Courtaud-Diverneresse. 54.
Courtois-Gérard. 38, 39.
Cousin. 3, 15.
Covilbeaux. 51.
Craon (de). 59.
Crétineau-Joly. 65.
Crinon. 35.
Croiset. 2.
Curne de Sainte-Palaye (de la). 64.
Cuvier. 19, 25.

D.

Dacier. 61.
Dally. 52.
Damiron. 15.
Dancel. 22.
Daniel. 55, 72.
Daremberg. 20.
Dante Alighieri. 56.
Davenne. 9.
Daverne. 39.
David Low. 41.
Daviel. 11.
Daubenton. 42.
Dauphin. 42.
Debeauvoys. 44.
Debray. 7.
Decaisne, 40.
Defauconpret. 59.
Deferrière. 2.
Degousée. 47.
Delabère-Blaine. 46.
Delafond. 41, 42.
Delafosse, 25.
Delambre, 17.
Delegorgue. 71.
Delille. 56.
Delwart. 41.
Démosthène. 55.
Depasse. 17.
Dépaux. 68.
Deshoulières. 57.
Desperrois. 17.
Destouches, 58.
Desvaux. 33.
Deval. 24.
Devilleneuve. 8.
Deyeux. 46.
Dezeimeris. 29, 37.
Didron. 50.
Dieulin. 3.
Doe. 69.
Donnet. 68.
Dorgan. 35.
Dourille. 73.
Droz. 2, 14.
Dubreuil. 11.
Dubief. 38.
Dubochet. 66.
Dubois. 26, 53, 72.
Dubois de Thainville. 60.
Dubroca. 43.
Ducroc de Chabannes. 44.
Ducroc (de Sixt). 17.
Dufau. 70.
Dufour. 17.
Dufournel. 35.
Dufrayer. 7.
Duhamel du Monceau. 30.
Dumesnil. 9.
Dumont. 16.
Dumont d'Urville. 71.
Dupin, 9, 15.
Duplan. 53.
Duranton. 6.
Duruy. 4.
Dusaulx. 14, 58.
Dutrey. 53.
Duval-Jouve. 13.

E.

Ebel. 71.
Écorchard. 36.
Égron. 16.
Eléouet. 31.
Engel. 23.
Espanet. 42.
Essarts (des). 6.
Étienne. 47.
Eyriès. 70.
Eysséric. 18.

F.

Falkenstein. 73.

Farrenc. 61.
Fauchet. 9.
Faudet. 68.
Faure. 34.
Fellacher. 31.
Feltz. 51.
Fénelon. 57.
Fériel. 51.
Fermond. 12.
Féron. 17.
Figayrolles. 23.
Fillassier. 40.
Fleury. 4, 23.
Florian. 59.
Flourens. 25.
Fontanier. 55.
Fontenay (de). 44.
Fontenelle. 14.
Forster. 73.
Forstner de Dambenoy. 18.
Fortoul. 64.
Foucher. 48.
Fouilloux (du). 45.
Fouquier-d'Hérouel. 43.
Fourmont. 53.
Foy. 21.
Francheville (de). 65.
Franck. 37.
Frarière (de). 44.
Frayssinous. 2.
Fresse-Montval. 55.

G.

Gabillot. 25.
Gabriel. 4.
Gadebled. 45.
Gail. 53.
Gaillard. 7.
Galès. 23.
Gallois. 58, 64.
Gardin Duménil. 53.
Garnier. 7, 15.
Gasparin (de). 27, 28.
Gasse. 8.
Gattel. 54.
Gaultier de Claubry. 23.
Gayot. 43.
Gedoyn. 63.
Génin. 54.
Genouille. 63.
Geoffroy. 53.
Geoffroy-Saint-Hilaire. 41.
Gera. 48.
Gerhardt. 19.
Gessner. 59.
Giffard. 2.
Gillon. 11.
Gioachino Greco. 52.
Girardin. 32.
Giraud (Mgr.). 61.
Girou de Buzareingues. 31.
Godard. 48.
Gœury-Duvivier. 22.
Gogol. 59.
Gomant. 51.
Gossin. 28.
Goulard-Henrionnet. 18.
Goullin. 24.
Gouraud. 23.
Goussard. 69.
Gousset (Mgr.). 2.
Goux. 43.
Grabias. 29.
Granges de Rancy (de). 34.
Gratien de Semur, 14.
Gresset. 24.
Grille de Beuzelin. 51.
Grognier. 41, 42.
Grün. 16.
Gruson. 64.
Guenard. 69.
Guénon. 42.
Guéranger. 5.
Guérin. 66.
Guérin-Méneville. 45.
Gueroult. 25.
Guilbert. 68.
Guillon. 13.
Gunther. 44.

H.

Halévy. 57, 62.
Hanriot. 8.
Hardouin de Perefixe. 65.
Harel. 11.
Harlay (Mgr. de). 1.
Hébrard. 57.
Helvetius. 14.
Henrion. 5.
Henrion de Pansey. 9.
Hésiode. 55.
Hippocrate. 20.
Hocdé. 12.
Hogard. 10.
Hombron. 71.
Homère. 55.
Horace. 56.
Hotton. 30.
Hubert. 49.

Huen-Dubourg. 5.
Hugo. 59.
Humbert. 25.
Huttemin. 19.
Huzard. 11, 42.

I.

Inchbald. 59.

J.

Jacquemier. 21.
Jacquemin. 32.
Jalade-Lafond. 22.
James. 2.
Jamet. 29.
Jannet. 53.
Jauvier. 48.
Jauze. 44.
Jéhan. 20.
Johnston. 32.
Joigneaux. 32.
Jolibois. 69.
Josseau. 15.
Joubert. 49.
Jourdan. 20.
Julia de Fontenelle. 38, 48, 51, 52.
Julius Obsequens. 63.
Jullien. 36, 37, 47, 49.
Jussieu (de). 60.
Justin. 63.
Juvénal. 58.

K.

Kaiser. 18.
Kermoysan. 63.
Kerpelani. 42.
Kresz. 46.
Krummacher. 14.

L.

Labaume (de). 45.
Laborde. 43.
Labruyère. 18.
Lacordaire. 4.
Ladoucette. 57.
Ladvocat. 72.
Laërce (Diogène). 72.
Lafayette (de). 58.
La Fontaine. 57.
Lagarde. 47.
Lainné. 8.
Lalleau (de). 7.
La Luzerne (le cardinal de). 3.
Lamennais (de). 1.
Lamouroux. 19.
Lancelot. 53.
Landais (Napoléon). 54.
Landmann. 31.
Langel (de). 45.
Lapérouse. 69.
Larade. 11.
Larroque. 12.
Larroque (de). 23.
Lasnier. 39.
Laterrade. 35.
Latouche (de). 57.
La Tour d'Auvergne-Corret. 64.
Laurens. 70.
Laurent. 35.
Lavallée. 64.
Lebeaud. 38.
Lebel. 22.
Lebossu. 47.
Lebrun. 50.
Le Clerc. 13.
Leclerc. 45, 60.
Lecoq. 34, 38.
Lefebvre-Sainte-Marie. 42.
Lefeuve. 69.
Lefranc. 12, 55, 62, 66.
Legrand. 40.
Lejeune. 59.
Lejoncourt. 21.
Le Lieur. 30.
Lélut. 15.
Lemaire. 38, 40.
Lenormand. 48, 49.
Léonard. 46.
Lepage. 6.
Lepère. 39.
Le Sage. 58.
Lesson. 25.
Lestré. 53.
Le Tellier. 66.
Levasseur. 7.
Lezaud. 14.
Lhéritier. 22.
Lhomond. 4, 53.
Liébert. 9.
Liebig. 19.
Liger. 52.
Lindley. 38.
Lionnois. 72.
Loiseau. 6.
Loisel. 40.
Loiseleur-Deslongchamps. 36.
Lonchampt. 7.
Lorentz. 47.

Louis. 22.
Lucain. 56.
Lucinet. 37.
Lyell. 20.

M.

Machard. 37.
Magin. 67.
Magne. 42.
Mahistre. 18.
Maistre de Sacy (Le). 1.
Malepeyre. 48
Mall. 39.
Mallès de Beaulieu. 14.
Malo. 34.
Maltebrun. 67.
Marcel de Serres. 25.
Marcelicour. 50.
Marcet. 19.
Marchessaux. 20.
Maret. 2.
Marie (Anna). 60.
Marmier. 69, 71.
Marsollier. 4.
Martignac. 56.
Martin. 44.
Martinelli. 28.
Martin-Doisy. 15.
Martin (du Nord). 7.
Martin (Henri). 64.
Mas-Latrie. 68.
Masse. 20.
Massé. 8.
Massillon. 3.
Masson. 35, 38, 47.
Massonnet. 48.
Mathieu. 69.
Mathieu de Dombasle. 15, 27, 48.
Mauny de Mornay. 29.
Mayer. 18.
Mazas. 72.
Mazincourt. 7.
Meaume. 10.
Meindre. 63.
Meirieu. 21.
Meissas. 67.
Meneval (de). 73
Mérat. 40.
Mercier. 22, 44.
Merger. 8.
Messas. 19.
Mezeray. 64.
Michaud. 64, 72.
Michéa. 22.
Michel. 48, 57.
Michelet. 62.
Michelot. 67.
Midy. 60.
Migneret. 9, 10, 69.
Mignet. 15.
Millet. 10, 29
Millot. 16, 65.
Milne Edwards. 33.
Milton. 56.
Moléon. 36.
Molière. 58.
Moll. 28, 31, 41.
Mollot. 8.
Moneuze-Grand-Jean. 38.
Monin. 66.
Monnier. 70.
Montaigne. 13.
Montalembert. 5.
Montémont. 18.
Montesquieu. 14.
Montholon. 73.
Montrol. 69.
Moreau. 39.
Moreau de Jonnès. 27.
Moride. 32.
Morin. 21, 42.
Mottet. 4.
Motteville (Mme de). 73.
Mouret. 52.
Mourcin (de). 53.
Muller. 20, 33.
Müntz. 67.

N.

Nadault de Buffon. 33.
Naudet. 55, 56.
Naville. 34.
Neumann. 39.
Neveu-Derotrie. 10.
Newman. 2.
Newton. 13.
Nicklès. 28.
Nicolas. 2.
Nisard. 27, 56, 62, 63.
Nodier. 59.
Noël. 13, 54.
Noellat. 69.
Noget. 40.
Noirot. 6.
Noirot-Bonnet. 35.
Nore (de). 26.
Nosban. 49.
Nyon. 60.

O.

Odart. 36, 37.
Olibo. 10.
Olivier. 18, 23.
Orbigny (d'). 25.

P.

Paillet. 6.
Palladius. 27.
Pallegoix. 4.
Paquet. 39, 40.
Parenty. 60.
Parisot. 44, 63.
Parrot. 23.
Pascal. 3, 13, 18.
Passy. 15, 27.
Pastou. 51.
Paulin. 48.
Paulin Désormeaux. 49, 50.
Paulmier. 17.
Payen. 20, 32, 33.
Plagnat. 30.
Plazanet (de). 48.
Pellault. 11.
Pellico (Silvio). 14.
Pelte. 30.
Perpigna. 8.
Perrault. 43.
Perron. 48.
Perrot. 65, 71.
Perse. 58.
Petit. 60.
Petit-Laffitte. 39.
Phèdre. 56.
Picard. 29.
Pichat. 30.
Piérard. 33.
Pierron. 63.
Pinault. 19.
Pitton Tournefort. 26.
Plée. 26.
Pline. 25.
Pline le Jeune. 55.
Plisson. 18.
Plutarque. 13, 53, 63.
Poiteau. 38.
Polonceau. 34.
Pongerville (de). 56.
Portalis. 15.
Poujoulat. 64, 72.
Prompsault. 53.
Prus. 23.
Puibusque (de). 9.
Puits de Maconex (du). 36.
Puvis. 32, 33, 34, 36, 39.

Q.

Quantin. 67.
Quenard. 32.
Quenin. 28.
Quicherat. 56.
Quinte-Curce. 63.
Quitard. 14.

R.

Racine. 58.
Raffenel. 71.
Raguenaud. 37.
Raguenet. 73.
Ragonot-Godefroy. 40.
Rainard. 41.
Raisson. 6, 10.
Ramée. 50.
Raspail. 20.
Rattier. 13.
Raucourt de Charleville. 47.
Ravensberg. 61.
Raymond. 24.
Raynaud. 3.
Ré. 34.
Rédarès. 46.
Regnard. 58.
Regnault. 25.
Régnier. 66.
Reiset. 25.
Renard. 24, 58, 59, 66.
Rendu. 28, 30, 48.
Rey. 30.
Reybaud. 59.
Reynaud. 17.
Richard. 26, 43.
Riffault. 49.
Rigault de Rochefort. 44.
Risler. 29.
Robello. 54.
Robert. 45, 51.
Roche. 53.
Rodet. 44.
Rogers. 24.
Rognetta. 24.
Rohart. 48.
Roland. 66.
Roques. 24.
Roux-Ferrand. 46, 65.
Royer. 15, 27, 31, 34, 41.
Rubens. 39.

S.

Sabatier de Castres. 62.
Sadler. 54.
Sagansin. 68.
Saigey. 17, 19.
Saillet. 10.
Saint-Arroman. 22.
Sainte-Preuve. 19.
Saintfoix. 68.
Saint-Hilaire (Aug. de). 26.
Saint-Maurice. 71.
Salle. 19.
Salligny (de). 3.
Salluste. 63.
Saurel. 7.
Sauzeau. 32, 41.
Schlipf. 28.
Schmid. 61.
Schmit. 50.
Schmitz. 47.
Schwerz. 28.
Scoutetten. 23.
Ségur (de). 64.
Séré (de). 47.
Seringe. 26, 29, 38.
Serrier. 23.
Servais. 70.
Sforzosi. 54.
Simencourt. 68.
Similien. 50.
Smith. 54.
Sommer. 55.
Sonnet. 18.
Soria. 45.
Sotos Ochando. 54.
Stahl. 59.
Stassart. 57.
Stephens. 34.
Stoltz. 31, 36.
Stretch. 63.
Suchaux. 70.
Sue. 20, 66.
Sully. 73.
Swanton. 10.

T.

Tacite. 63.
Tarade (de). 40.
Tarbé. 17.
Teillac. 14.
Térence. 58.
Teulet. 6.
Teyssèdre. 19.
Thackeray. 32, 34.
Thénot. 50.
Théophraste. 13.
Théry. 55.
Thibaudeau. 65.
Thiébaut de Berneaud. 37, 48.
Thierry. 50.
Thiers. 14.
Thucydide. 63.
Timon. 15, 55.
Tirat de Malemort. 22.
Tischendorf. 1.
Tocquaine. 10.
Tocqueville (de). 16.
Topffer. 59.
Toussaint. 47, 50.
Travanet. 30.
Trédos. 54.
Troplong. 6, 7, 15.
Tull. 30.
Tullia Meulien. 20.
Turck. 24.

V.

Valentin. 64.
Valère Maxime. 63.
Valerio. 49.
Valerius. 18.
Valette. 9
Vallée. 24.
Valmont de Bomare. 25.
Valserres (de). 10.
Vanière. 38.
Varembey. 44.
Varillas. 65.
Varron. 27.
Vasserot. 7.
Vergnaud. 49.
Verronnais. 70.
Vertot. 66.
Vialet-Martignat. 45.
Viard. 4.
Viardot. 46, 59,
Vignier. 69.
Vigny (de). 58.
Villemain. 16.
Villemeureux. 53.
Villepin. 11.
Villermé. 15.
Villeroy. 28, 33, 42.
Vilmorin. 30, 40.
Virey. 21.
Virgile. 56.
Vitard. 10.
Voïart. 60.

Voltaire. 13, 66.

W.

Wailly (de). 53, 56, 59.
Walter Scott. 59.
Watteville (de). 9.
Wyss. 60.

Y.

Yvart. 30.

Z.

Zay. 54.
Ziegler. 50.

www.ingramcontent.com/pod-product-compliance
Lightning Source LLC
Chambersburg PA
CBHW052056270326
41931CB00012B/2774
* 9 7 8 2 0 1 2 6 3 9 6 1 4 *